…ットの法則

行動分析学・実践編

奥田健次
Okuda Kenji

a pilot of wisdom

まえがき

以前、出演したテレビ番組で、「人間は、その行動をした直後にメリットが生じると、またその行動をするようになるのだ」というテーマから、数ある心理学領域の中でもひときわユニークな「行動分析学」を紹介した。番組ディレクターらは、視聴者にわかりやすく「メリットの法則」という番組用の造語を用いて、行動分析学の専門用語を使わずに番組を構成してくれた。そのおかげもあって、深夜帯であるにもかかわらず大変な高視聴率であったという。スタッフによれば、番組中にツイッターや2ちゃんねるなどのメディアでもかなりの反響があったそうである。

しかし、確かに視聴者にはわかりやすい「メリットの法則」なのであるが、一方では番組企画段階での予想通り、誤解を招いたところもある。そもそも、「メリット」という言葉は、「(目先の) 利益」という印象を抱かせるようであり、「人間は自己利益のために行動している」と考えたくない人にとって、受け入れがたいものなのかもしれない。もしくは、人間は動物と違うので「報酬」がなくても行動することがあるという信念を持つ人も多い。そうした感覚はおよそ真っ当なものである。人間には、確かに人間以外の動物とは異なる特徴がある。

ただ、物事を印象や感覚だけでとらえることはよろしくない。「人間は、ネズミやハトなどの動物などと全然違う」と言われる方にお聞きしたい。「そうです、全然違いますね。では、人間にもネズミやハトと共通するところがあるとすれば、それはいったいどんな部分ですか？　できるだけたくさんの事実を挙げて下さい」。このように問われると、どのように答えるのだろうか。行動分析学には、多くの実験研究から膨大な知見が集積されていて、そのおかげで、逆に人間が人間以外の動物とどのような点で違うのかという知見についてもまた、数多くの事実を明らかにしてきた。

そして、行動分析学が明らかにした行動の法則は、それが人間社会における諸問題の改善に応用され、大いに貢献していることもまた事実である。集英社新書の杉山尚子氏のベストセラー『行動分析学入門——ヒトの行動の思いがけない理由』において、その行動分析学の基礎から応用までが十分に概説されている。本書では、行動分析学の基本を押さえつつ、日常生活上の諸問題から臨床事例を多めに解説していく。もう少しやわらかく言えば、周囲の人や自分自身の「よくある行動」に着目して行動の原理に迫っていくので、本書を読み終わってから杉山尚子氏の『行動分析学入門』を読まれると、きっと頭の中で整理できるようになるだろう。

第１章の冒頭、頻発する発作で悩む親子への介入事例を取り上げるのだが、こうした生理的・病理的な問題にすら、行動分析学がどのように貢献できるのかをご覧いただき、人の行動の裏に隠された法則を紹介したい。それによって、「人間は報酬がなくても行動することがある」と考えている人が見落としていることにもお気づきいただけるだろう。

本書では、数多くの日常例や症例などを取り上げた。人間が目先のメリットで動く場合も、そうでなさそうな場合も、いずれも感覚ではなく、事実として行動分析学に対する理解を深めていただければと願っている。特に、本書は行動分析学の諸原理だけで強迫性障害などの精神疾患のメカニズムを解説した初めての解説書でもある。全国各地、世界各国を飛び回って数多くの臨床活動をしてきた中で、思い出に残っている事例から、行動の法則を浮き彫りにしたい。

目　次

第１章　その行動をするのはなぜ？

1. 実用的な心理学

動物や人は、なぜその行動をするのか。脳科学や生理学にも、この問いに対するそれぞれの答え方があるだろう。もちろん、この「人はなぜその行動をするのか」という問いは、心理学のメインテーマと言ってよい。しかし、心理学にもいろいろある。いろいろあるが、本書で紹介する「行動分析学（Behavior Analysis）」は心理学の一分野であるものの、非常にユニークな学問である。わかりやすく言えば「実用的」、とにかく「使える」ということである。最初に、心理臨床家として私が関わった実際の症例の一つを紹介しよう。

2. 奇声をあげるアキラくん

アキラくん。2歳になっても意味のある言葉がまったく出ておらず、一人遊びばかりしていた。遊びの内容も、物を並べるだけだとか、回転するもの（扇風機や換気扇）を凝視するばかりで、同じ年齢の子どもがやるような遊びとは異なっていた。興奮すると、突然甲高い声をあげて、ひきつけのような状態になることもしばしば見られた。保健師に「自閉症かもしれません」と言われて、両親は地元の病院を受診した。医師には、「重度のてんかんを持つ知的障害のある自閉症です」と診断された。

別の医師の紹介で、アキラくんが私のクリニックに連れてこられたのは、その１か月後のことだった。お母さんと面談している最中、アキラくんはほとんど一人遊びをしていたが、10分に１回程度、隣の家にまで響くような声で叫ぶことがあった。アキラくんが奇声をあげるたびに、お母さんは私との面談の最中でも、アキラくんを抱っこして肩をトントンとやさしく叩《たた》いて介抱してあげた。そうすると、アキラくんの奇声はすぐに収まった。お母さんは、「ご近所さんにご迷惑をおかけしてばっかりで……」と疲れ果てた様子であった。またしばらくするとアキラくんは奇声をあげて、この日の初診では、１時間で７回の奇声が見られた。

疲れ果てているお母さんに、アキラくん用に私が「行動の処方箋《しょほうせん》」を用意して、「かなり強烈な方法ですが、試してみたいですか？　相当、泣きわめくでしょうが、それでもという決意があるのでしたら、私が実演してお見せしますが」と伝え、奇声をあげるたびに私とお母さんがどのように動くか、具体的に説明した。ご両親は、「ぜひ、お願いします」と決意されたので、２回目の面談からそれを始めることにした。そして、その日以降、自宅での奇声の回数をカウントしてもらった。

奇声をあげたら、お母さんと離れ離れに

２週間後、お母さんはアキラくんを連れてクリニックに来られた。お母さんは私の指示した通り、ちゃんと２週間分の奇声の回数を記録したノートも持参してくれた。奇声の回数は、１日平均58回だった。このクリニックに来た日から、お母さんと打ち合わせしておいた行動の処方箋の通りに決行した。面談後、５分ほどしてアキラくんが奇声をあげた。お母さんは抱きしめるのではなく、アキラくんに背を向けて、その瞬間に私がアキラくんを小脇に抱きかかえて素早くプレイルームから連れ出した。あらかじめお母さんに伝えていた通り、アキラくんはそのようなことをされたことがないから激しく泣いた。私もお母さんも、叱《しか》りもせず、なだめもしない。ただ、その奇声をあげるという行動の結果、親子の距離を遠く離すという対応にしただけだ。15分ほど経過して、まだ泣いてはいるが少し

泣きの強さが収まってきた段階で、アキラくんと手をつないでプレイルームに戻った。部屋に戻るとすぐにアキラくんは一人遊びを始めた。私はお母さんに「今、後ろから抱きしめてみて下さい」と伝え、そうしてもらった。何もなかったが、その10分後、また２回目の奇声が始まった。その瞬間、もう一度、１回目と同じ対応を繰り返した。今度もまた激しく泣いたが、廊下に出て５分くらいで泣きは収まり、５分ほど換気扇が回るのを見せてからプレイルームに戻った。その後、アキラくんが奇声をあげることはなかった。自宅でも、奇声をあげたときに抱きしめるのはやめて、奇声をあげず静かに一人遊びをしているときに、ときどき抱きしめてあげるよう伝えた。

通常学級に入学したアキラくん

その１週間後。自宅での奇声は１日平均４回程度に激減した。そして、この日のプレイルームでは、１回だけ奇声をあげて廊下に連れ出したが、それがプレイルームでやった最後の連れ出しだった。自宅でも、週１、２回あるかないかくらいになり、以前の１日平均58回からすれば劇的な変化と言えるだろう。２か月目以降、アキラくんは奇声を一度もあげなくなった。ご両親は大変感激されていたが、私は「発作を治すことが教育目標ではありませんし、脳神経上の問題については医学的治療も続けておいたほうがよいですよ」と伝えた。すると、お母さんは「実は、脳神経科の受診はまだなんですよ。すみません」と、ばつの悪そうな顔をされた。その後、脳波の検査を受けてきてもらって、すでに奇声は完全に収まっていたが、必要な薬も服用しながら私のクリニックで発語のトレーニングを続けていくことになった。発語面でも飛躍的な変化を見せ、アキラくんは小学校の通常学級に入学したばかりでなく、どちらかというと細かなこだわりはあるものの穏やかで、学級担任から「平均より上くらいの学力」と言われるほどになった。

陥りがちな「循環論」の罠《わな》

さて、なぜアキラくんは奇声をあげていたのだろうか。何が原因で、こんな大変な行動が起きていたのだろうか。よく聞かされる説明としては、「興奮状態が高まったから」とか、「欲求不満が高まった」というものがあろう。しかし、こうした説明には大きな欠陥がある。「循環論」になってしまうのだ。「奇声をどうして頻発するんだ？」、「興奮状態が高まったからだろう」。「興奮状態が高まったらどうなるの？」、「奇声をあげるだろう」。こんな説明は実用的と言えるだろうか？

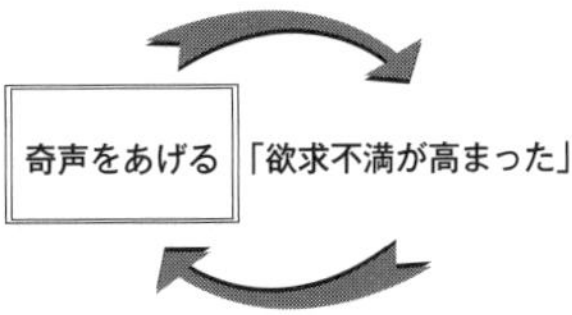

図1−1　循環論に陥る例1

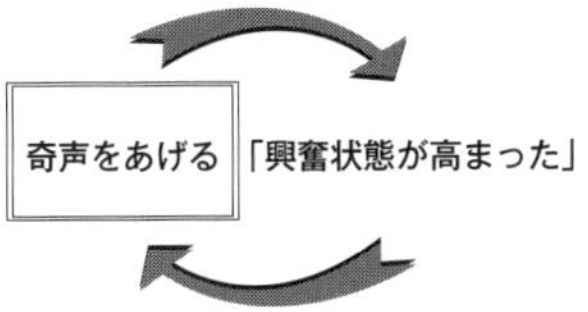

図1−2　循環論に陥る例2

循環論ほど役立たない議論はないのに、世間は循環論を愛しているかのように思われる。つまり、世間でも学校でも病院でもどこでも、循環論が蔓延《まんえん》していて、問題の解決に至る情報が隠されてしまっていると言える。

図1−1と図1−2の説明をすると、四角で囲った部分（奇声をあげる）は「記述概念」と言う。記述概念の特徴は、「ビデオカメラで撮影して誰もが認めることのできる行動の事実」である。記述概念は、その行動をしたかどうかについて、学者が観察しようと、小学生が観察しようと、客観的に一致するものである。

一方、図のカギ括弧の中の言葉（「欲求不満が高まった」「興奮状態が高まった」）は、「説明概念」と言う。これは「事実を説明したものであって、見た人によって意見が分かれるかもしれないもの」である。学者は「興奮状態が高い」と説明するかもしれないし、小学生は「すごく怒ってるよ！」と説明するかもしれない。つまり、説明は一致しない場合がある。確かに、「興奮」を生理学的検査法によって測定することは可能である。しかし、それはあくまでも生理的な「状態」なのであって、行動の原因として説明すると、とたんに冗長な解釈となってしまう。先のアキラくんの場合、奇声をあげたときに私が小脇に抱きかかえて廊下に連れ出した際、奇声をあげているときよりももっと激しく泣いたのだから、きっと興奮していただろう。それなのに奇声は増えるどころか、やがて止まったのである。このことを説明しようとすると、さらなる生理的説明が必要になる。

原因を「行動随伴性」で考える

それでは、こうした説明概念を使わない、すなわち記述概念だけでアキラくんの行動の原因を解明していく方法はあるのだろうか。それが、次の図1−3である。

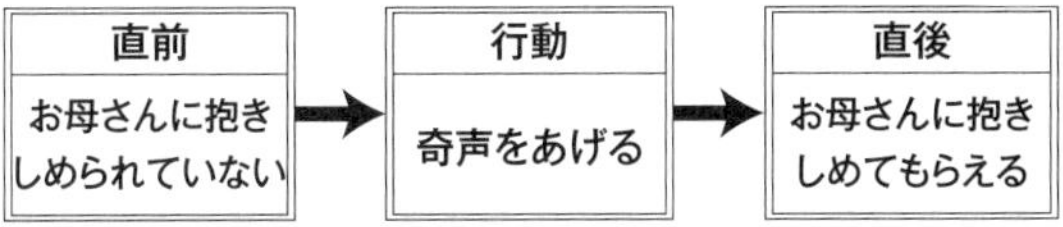
直前
お母さんに抱き
しめられていない
行動
奇声をあげる
直後
お母さんに抱き
しめてもらえる

図1－3　アキラくんの行動の直前と直後（介入前）

このように、行動と、行動の直前と直後の三つの箱で、一つの行動をとらえていく方法がある。これは専門用語で、「行動随伴性」と呼ばれるものである。アキラくんの場合、奇声をあげるたびに、お母さんが抱きしめてあげていた。奇声をあげる直前は、静かに一人で遊んでいるから、お母さんは別のことをしていた。つまり、アキラくんにとってはお母さんに抱きしめられていない状況だ。当時、まだ無発語だったアキラくんにとって、奇声をあげるという行動をしたら、直後、お母さんに抱きしめてもらえるというメリットがあったのだ。三つの箱に記述されていることは、すべてビデオカメラで撮影可能な記述概念である。学者だろうと小学生だろうと、この行動の出現回数をカウントすることができるし、行動の直後にお母さんが抱きしめた回数もカウントすることができる。

私がお母さんに説明した「行動の処方箋」は、次の

図1－4～6のような行動随伴性で示すことができる。

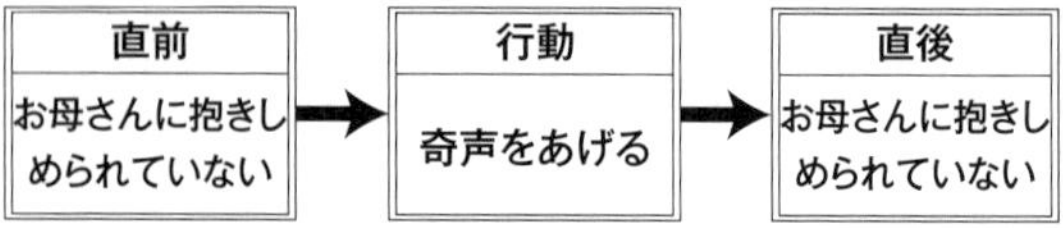
直前
お母さんに抱きしめられていない
行動
奇声をあげる
直後
お母さんに抱きしめられていない

図1－4　行動の処方箋1（介入開始）

今までは、奇声をあげるたびにお母さんがアキラくんを抱きしめていた。図1－4は、その対応をやめた場合の、アキラくんの行動随伴性の一つを示したものである。一般的な言葉に言い換えれば、「奇声をあげても、もうお母さんに抱きしめてもらえない」ということだ。

これだけではない。プレイルームで実演したとき、アキラくんが奇声をあげたら私が一気に連れ出すという介入を行っている。この行動随伴性も示してみよう。

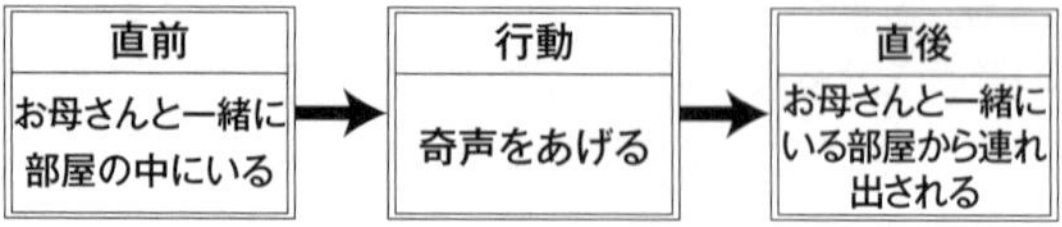
直前
お母さんと一緒に部屋の中にいる
行動
奇声をあげる
直後
お母さんと一緒にいる部屋から連れ出される

図1－5　行動の処方箋2（介入開始）

これも、一般的な言葉に言い換えてみれば、「奇声をあげると、お母さんと一緒にいた部屋から連れ出されてしまう（一時的に引き離される）」ということだ。

さらに、もう一つお母さんに実行してもらったことがある。それは、アキラくんが一人遊びをしているときに抱きしめてあげることである。行動随伴性で示してみよう。

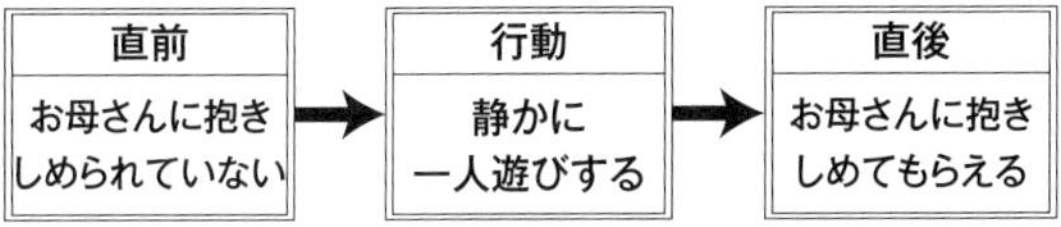
直前
お母さんに抱きしめられていない
行動
静かに一人遊びする
直後
お母さんに抱きしめてもらえる

図1-6　行動の処方箋3（介入開始）

プレイルームでもお母さんに実行してもらったが、このことをその日以来、自宅で毎回同じようにしてもらうことにしたのだ。特に気をつけてもらったのは、図1－3で示した私と出会う前の対処法は絶対にやらず、図1－4の対応を徹底してもらうこと、図1－5のような連れ出す対応は家ではできないが、図1－6の対応をできるだけ実行することである。静かに一人遊びするだけでなく、自発的にお母さんに静かに関わってきたときや、奇声をあげずに目が合ったときにも抱きしめてあげるようにしてもらった。

その結果、すぐに効果が見られて、2か月後にはまったく奇声をあげることがなくなったのだ。このように、生理的な問題で説明したくなるような激しい行動ですら、その行動の起こる原因を説明概念に求めず、行動随伴性で記述していくことで行動を変えていく糸口が見つかるのだ。

3. 身近な例で考える行動分析学

前節で述べた事例は、読者にとってはあまり馴染《なじ》みのないものかもしれない。しかし、実は同じメカニズムの行動は、私たちの日常生活でもよくある話である。たとえば、やたらと弱音を吐く人がいる。なぜ、弱音を吐くのか、この人は。そう考えると、循環論になる説明がすぐに出てきそうだと、鋭い読者は気づいてくれるだろう。「精神が幼い」とか「甘え」とか、それらの類はすべて循環論となる。これらの説明は、「個人攻撃の罠」と呼ばれている。つまり、「なぜ、その行動をするのか？」という問いに対して、その行動をする個人の内側に何か原因があるとする考え方だ。この例の場合、「こいつの精神が幼いから、すぐに弱音を吐くんだ」とか、「お前に甘えがあるからだ」とか、個人を攻撃してしまうことになる。問題は別の方法で解決できるのに、個人攻撃の罠に陥ると、解決できるどころか悲劇を生むことすらある。

行動分析学では、行動の原因を考えるとき、行動随伴性で記述することを優先する。もちろん、行動している本人の生理的状況や脳の機能を無視するわけではないが、実用性の観点から、個人の内部で起こっていることは後回しにしても構わないとすら考える。そう考えれば考えるほど実用的で、問題解決が早くなる。

すぐに弱音を吐くタカシさん

それでは、会社員タカシさんの「弱音を吐く」という行動の、行動随伴性を見てみよう。「弱音を吐く」では行動として曖昧《あいまい》なので、もう少し具体的に「もうだめだ、僕は」と言う行動として記述しよう。

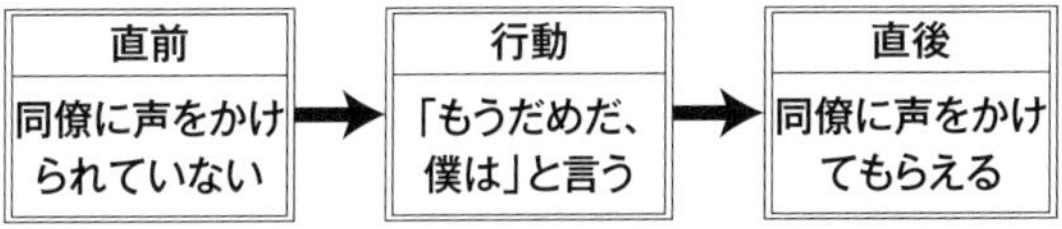

図1−7　タカシさんの弱音を吐く行動1

タカシさんは、ほとんど口癖のように同僚に「もうだめだ、僕は」と、溜息《ためいき》混じりで言うことがあった。それほど頻繁ではないにせよ、同僚らがタカシさんと言えば「すぐに弱音を吐く人」というレッテルが貼れるほど、コンスタントに見かける行動であった。穏やかでやさしい同僚らは、タカシさんがこのようなことを言うたびに、「何かあったの？　大丈夫？」などと声をかけてあげていた。前ページの図1−7のように行動随伴性で記述すれば、タカシさんが「もうだめだ、僕は」などと言う前は、デスクに向かって静かに仕事をしているので同僚に声をかけられていない状況なのだが、ふとこんな言動をすると近くの同僚が無視するわけにもいかず、「大丈夫？」と声をかけてしまう。

この会社は、本当に穏やかな会社だった。実は、タカシさんの直属の上司も、決して怒鳴ったりせず、タカシさんを励ましてあげていた。図1−8の二つの行動随伴性を見れば、タカシさんが弱音を吐いたときに、上司がどのように関わっていたのか一目瞭然《いちもくりょうぜん》である。

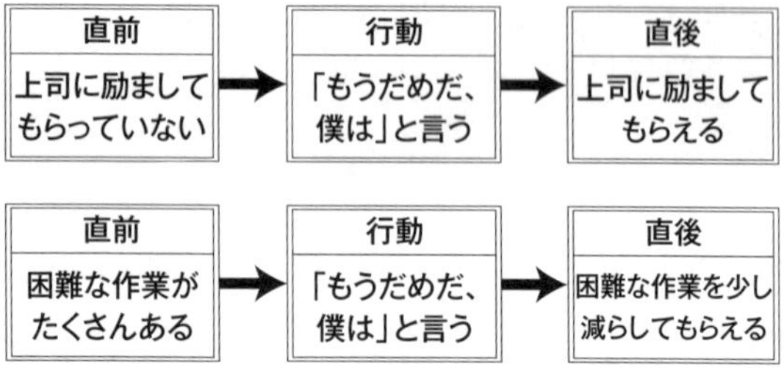

図1−8　タカシさんの弱音を吐く行動2

上司にも励ましてもらえたり、困難な作業を少し減らしてもらえたりするなど、タカシさんが弱音を吐けば同僚や上司に気を遣ってもらえる環境であるということが見えてくる。

「甘えているから」では、問題は解決しない

このような職場が良いか悪いかという話ではない。「サラリーをもらっているのだから、何を甘えているんだ！」と叱りたくなる気持ちもある。この考え方は価値観の問題なので、ここでは触れないでおこう。本章のテーマは、「その行動をするのはなぜ？」である。タカシさんは、なぜ弱音を吐くのかというときに、「甘えているから」と答えたくなる気持ちを、ここではぐっと抑えてみたい。

どうも、タカシさんには弱音を吐くと、たくさんのメリットがあるようだ。同僚に注目されること、上司に励ましてもらえること、困難な作業が少し緩和されることなどが、タカシさんにとってのメリットなのであろう。メリットは、人それぞれであるということは事実である。人によっては、「弱気を見せることはメリットどころか、絶対に避けたいことだ」と言う。もう少し複雑な人もいるだろう。たとえば、「仕事関係

の人には弱気は絶対に見せないが、飲み屋のネーチャンのところでは弱気を見せてるかもしれない」と言う人もいる。逆に、タカシさんのように弱音をすぐに吐くような人もいるということだ。私個人としては、「母性本能をくすぐろうとする男性」は好きではないのだが、これは価値観の問題である。

人はなぜその行動をするのか？　人それぞれの価値観（平たく言えば「好み」）が異なっているということを押さえた上で、しかしその個人の価値観に向かっていく行動には、共通の法則があるのである。

次の章では、その行動の法則を日常例から紹介していく。

第２章　行動に影響を与えるメカニズム（基本形）

1. 原因と結果を「真逆」に考える

行動分析学を一般の人が正しく理解することは、簡単なようで難しいことのようである。どうもそれは、原因と結果を考えるときの時間の流れが、通常のわれわれの生活で考えるモノの見方と「真逆」だからであろう。通常のわれわれの生活では、結果の前に原因がある。

たとえば、ジュースをこぼしてしまったことを考えてみよう。テーブルの上のジュースがこぼれてしまったこと（結果）は、うっかりとグラスに手をぶつけてしまったこと（原因）による。物理的な時間の流れはこの通りであろう。決して、ジュースをこぼしてしまったから、グラスに手をぶつけたのではない。当たり前だ。滞在先のホテルで、バスタブの外側が水浸しになってしまった（結果）のは、カーテンを正しく閉めずにシャワーを浴びていたため（原因）である。その原因があるから、その結果を引き起こしてしまったと考えるのが普通である。当たり前のことだが、「今、ここ」で起こっている出来事は、「原因が先」で「結果が後」である。だから、ある行動が起きる理由について考えるとき、人はその行動の前に何が起きたのかを考えようとしてしまう。

ところが、人や動物の行動の原因について考えるときは「真逆」に見なければならないのである。つまり、その行動がなぜ起きるのかについての理由を考えるとき、その行動の前に何が起きたのかを考えるよりも、その行動の結果として何が起きたのかを考えなければならないのだ。時間的に後で起こった出来事が、その先に起きた行動の原因になっているなどと、一般の人はもとより、人間の行動について探究する心理学者や医師すらも考えないものである。各種ある心理学の中でも、行動分析学が他の心理学よりもユニークな点はここにあると言っても過言ではない。

このユニークな行動分析学を正しく理解しようとする場合、このような世間一般で当たり前と思ってきたモノの見方や習慣を、意図的に放棄しなければならない。放棄すべきものは、杉山尚子氏が新書の『行動分析学入門』で指摘されている「医学モデル」なのだ。医学モデルと言っても、医師だけが使用するモデルという意味ではなく、世間一般の人もほとんどの場合、この医学モデル的なモノの見方をしてしまっている。

「症状」と「行動」は異なる

たとえば、「小麦アレルギー」のある人が、小麦を摂取したときに体に現れる症状について、その症状の原因は体に取り込んだ小麦であり、喘息《ぜんそく》などのアレルギー反応が結果として起こる。風邪のウイルスが、下痢や発熱などの症状を引き起こす。これらは「医学モデル」である。

図2−1に図示しよう。

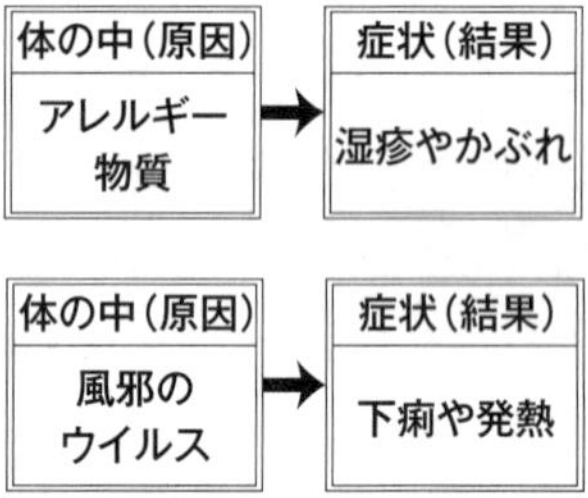

図2−1　医学モデル（症状を診るとき）

上記のように、医学モデルで扱っているのは、行動ではなく症状（あるいは状態）である。実に、多くの人（医師や心理士も含めて）が、行動と症状の区別をつけていないものである。それはきっとさまざまな精神疾患を診断する際、行動観察に基づいているからかもしれない。正常ではない行動を「症状」と呼んでしまうところを見ると、区別どころか同一視していると言えるだろう。気をつけていただきたいのは、観察された行動を「○○症状」と呼んで診断する行為自体が間違いだと言っているのではないということだ。それらは行動を別の言葉で言い換えたレッテルに過ぎず、言い換えただけのレッテルは決して行動の原因ではないということである。

行動の原因を、医学モデルで説明することは明らかに間違いである。第１章でも述べたように、それは即座に「循環論」になってしまう。行動分析学は、体の内側（世間で言う“こころ”）を行動の原因にはしないという点で、ほとんどの人々の常識とかけ離れており、これは太陽が動いていると誰もが思い込んでいた時代に地動説を唱えるようなものと言える。したがって、読者にはぜひとも「症状・状態」と行動は本当に違うのだろうか、少なくとも循環論は良くないなという程度の心構えで、本書を読み進めるにあたっては医学モデルを放棄する試みをお願いしたい。「医学モデルを、一旦《いったん》放棄せよ」とスローガンを掲げるだけではあまり意味がないので、本章では行動分析学的なモノの見方に慣れるためにエクササイズ代わりの解説を行う。

その前に、ここではっきりと「症状と行動は違う」と述べたので、では行動とは何かということを定義しておこう。

2. 行動とは何か？

行動とは何かと考える際、「死人テスト」と「具体性テスト」の二つは必須である。

まず、「死人テスト」とは、たいそう物騒なネーミングである。しかし、これは行動分析学の標準的な行動観であって、日本では杉山尚子氏らがオージャン・リンズレーの提唱した「死人テスト」の定義を紹介している。「死人テスト」は、物騒だが実は非常にすぐれたツールだと言える。行動とは何か？　行動とは「死人にはできないこと」である。行動の定義はたったこれだけなのだ。死人にできることは、行動ではない。

行動か、行動でないか、その区分けのために少し例を挙げてみよう。

- 食べる（行動である。死人は食べない）

- 口の中に食べ物を詰められる（行動ではない。死人は受け身だから、ありえる）
- 大人しくしている（行動ではない。死人は大人しい）
- 小さい声でささやく（行動である。死人にはできない）
- 霊柩車《れいきゅうしゃ》を見送る（行動である。“おくりびと”側の行動）
- 棺《ひつぎ》に入れられる（行動ではない。“おくられびと”側は死人である）
- 棺の中に入ってみる（行動である。子どものいたずらは死人にはできない）
- ダイエットしようかなと考える（行動である。外に表れなくても死人にできないことは行動である）
- 赤面する（生理的な行動である。死人にはできない）

他にも、前節で述べたような「症状・状態」は、死人にも起こりうる場合があるので行動ではない、ということになる。

- 横たわっている（死人も横たわっている状態にはなれる。行動ではない）
- 布団にもぐる（死人にはできないので、これは行動である）

・静かにしている（死人も静かにしている状態である。だから行動ではない）
・相手にしない（死人にもできるので、行動ではない）
・別の人と話し続ける（死人にはできないので、これは行動である）
・血が出る（行動ではない。状態や結果であるので、死んですぐの死体からも血が出る）
・血を出す（行動である。傷口の周りをつまんで血を出すようなことは、死人にはできない）

このようにいくつか具体例を挙げて、それが行動か行動でないかを考えることは大切なエクササイズとなる。まるで、ヒヨコのお尻を見て雄か雌かを素早く仕分けられるように、徐々にコツをつかんでいけばよい。特に、状態と行動の違いを見分けられるようになるために、死人にはできそうにない記述の仕方に変える習慣を身につけることが肝要である。「『相手にしない』は、行動のつもりで記述したけれども、死人も『相手にしない』もんなあ。じゃあ、『話しかけられたときに、別の人に話しかける』ならどうかな？　うん、これなら確実に死人にはできない」。このように、行動としての記述の仕方を工夫する第1のツールが死人テストなのである。

「試験勉強」「破壊行為」は具体的でない

次に、「具体性テスト」である。死人テストに通過した行動は、なるべく具体的でなければならない。具体的とは、私はよく「ビデオで撮影して、誰が見てもそれとわかるもの」と表現している。島宗《しまむね》理《さとる》氏は、「ビデオクリップ法」と呼んでいる。

具体性テストについても、その区分けのために少し例を挙げてみよう。

- 清潔にする（具体的でない。トイレの後に手を洗うことなのか、服装のことなのか、１日のシャンプーの回数なのか、どこを見ればよいのかわからない）
- 昨日の晩ご飯のメニューを思い出す（具体的でない。思い出したかどうか、本人はわかるかもしれないが、そのシーンを見ている人は意見が分かれるところである）
- 数字に親しむ（具体的でない）
- 試験勉強をする（具体的でない）
- 破壊行為をする（具体的でない）
- トイレの後、手を洗う（具体的である。１日何回洗っ

たか、ビデオを見れば意見が分かれない）

- 子どもに「昨日の晩ご飯、何だったっけ？」と聞く（具体的である）
- 数字の上に同じ数だけ磁石を置く（具体的である）
- ドリルの21〜30ページを完成する（具体的である。行動の産物を確認することもできる）
- スクールバスを降りて玄関まで走って下駄箱を倒す（具体的である。スクールバスを降りてからの一連の行動とその結果を目に浮かべることができるし、1週間に何回やったかカウントすることもできる）

私の経験では、あちこちの大学や大学院、学校教員研修などで、死人テストと具体性テストのエクササイズを実施してみると、受講者は死人テストについてはすぐに習得してくれるが、具体性テストは簡単には習得できないということである。解説すると理解してくれるが、実際に仕事で使えるようになるためには、さらなるエクササイズが必要になるようだ。それほど、もしかすると私たちの生活では、行動を具体的に記述する習慣がないのか、もしくは避けているのかもしれない。

行動の前に原因がある「レスポンデント行動」

本章の冒頭、行動の原因は「行動の前ではなく、後に続く結果にある」と強調したが、こうした行動を行動分析学では「オペラント行動」と呼んでいる。しかし、人間の行動をよりよく理解するためには、寒気や悪寒、あるいは安心感のような、「何とはなしに引き起こされている行動」がある。こうした行動は、確かに行動の前に生じた刺激によって引き起こされるものであり、行動分析学では「レスポンデント行動」と呼んでいる。

レスポンデント行動の例を見てみよう。

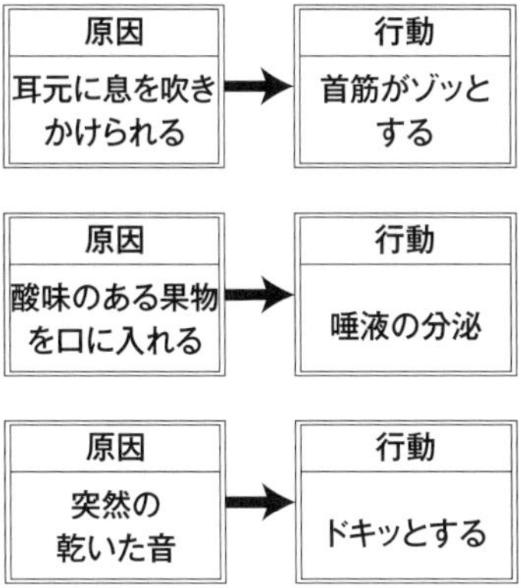

原因
耳元に息を吹きかけられる
行動
首筋がゾッとする
原因
酸味のある果物を口に入れる
行動
唾液の分泌
原因
突然の乾いた音
行動
ドキッとする

図2−2　レスポンデント行動の例

レスポンデント行動は、反射と呼ばれる種類の行動で、確かにこれらの行動の原因は、行動に先立つ刺激にある。恐怖や好みや苦手などについても、レスポンデント行動によって形成されたり、派生的に広がったりするものである（たいてい本人すら気づかないことが多い）。

それでは、いよいよ行動分析学的なモノの見方で、もっともユニークな行動観、すなわち行動（オペラント行動）の原因は、行動の先ではなく後に続く結果にあるということに慣れていただくため、以下、エクササイズ代わりの解説を行う。

日常例からオペラント行動の原因となっているメカニズムを見ていこう。

3. 行動を強める「強化」の原理（基本形）

先に、「時間的に後で起こった出来事が、その先に起きた行動の原因になっているなどと、一般の人は考えない」と述べた。一般の人（行動分析家以外の人）は、その行動の前に起こったことを、その行動の原因と考える傾向がある。もっとも身近な例を挙げると、「青信号になったから横断した」という考え方である。横断するという行動の前に、青信号になったという事実があるので、あたかも行動の前の青信号が、横断するという行動の原因であるかのように思えてしまう。これが間違いなのである。行動分析学的に正しく述べると、「青信号になったときに横断したら、安全に渡ることができた」となる。重要なポイントは、「安全に渡ることができた」という結果である。「違うよ、青信号だから渡ったんだって」などと、まだ不信感を持っておられる読者がいるとするならば、こう考えていただきたい。

それでは、トシアキさんが青信号のときに横断歩道を渡ったある日、信号無視をして突進してきた自動車にはねられてしまったことを考えてほしい。一歩間違えれば死んでいたかもしれない大事故だ。その後、トシアキさんはどうなったか。きっと、「青信号だから渡る」という説明は成り立たなくなるだろう。トシアキさんは、青信号で渡ったのに信号無視の自動車にはねられた経験をしたのだから、そうした過去の経験によって、青信号でもすんなり横断しなくなったのだ。明らかにトシアキさんの行動は変わったのである。トシアキさんは、横断歩道を渡るとき、青信号でも慎重に別の行動（左右の安全確認を繰り返すなど）をするようになった。このように行動が変わったのは、行動の結果次第（この場合、安全に渡ることができたか、できなかったか）なのである。

「好子《こうし》」出現の強化

このタイトルに出てきた「好子」という専門用語とは何かについて、今は説明しない。それよりも、先に述べた横断歩道を渡るという行動を「行動随伴性」で図示してみよう。

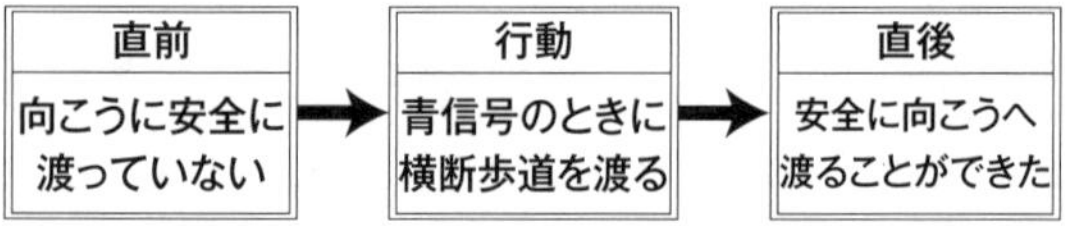

図２−３　青信号のときに横断歩道を渡る行動

行動は、青信号のときに横断歩道を渡ることである。その行動の直前は、まだ横断歩道の向こうに安全に渡っていない状況である。その行動をした直後、安全に向こうへ渡ることができた場合が図２−３である。通常、青信号のときに横断歩道を渡る行動は、安全に向こうに渡ることができる可能性が高い（トシアキさんの事故のようなことがあるので、必ず安全だとは言えない）。

それに、子どもの頃は青信号で渡るとほめられただろうし、他の人も一斉に渡るものだから安心感もあるかもしれない。図２−３の場合、直後に起きた出来事のことを専門用語では「好子」と呼ぶ。直前と直後で見比べてみて、何か得るという変化があることを「出現」と呼ぶ。この例の場合、「好子出現の強化」と言う。好子は、安全に向こうへ渡ることができたということだ。

もう一例、挙げてみよう。昨今の「お買い物ポイント制度」は、あまりにも身近な例である。コンビニエンスストアから近所のスーパーまで、ありとあらゆるところに買い物に伴うポイント付与システムが見られる。そのおかげで、私の財布の中は各種カードだらけだ。このポイントカードを提示する行動随伴性を、図２−４に示した。

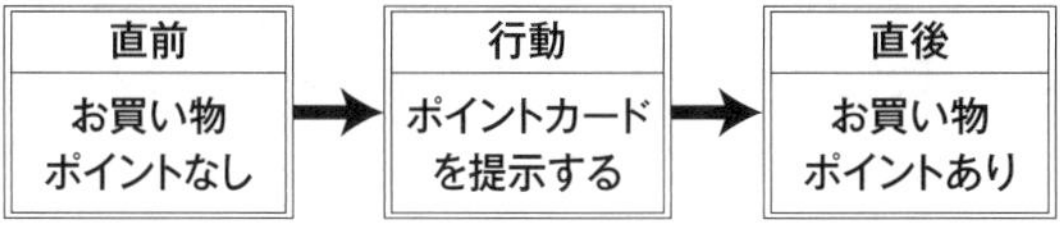

図２−４　ポイントカードを提示する行動

ポイントカードを提示する行動の、直前と直後を見てみよう。ポイントカードを提示した場合のみ、直後にお買い物ポイントが付与される。それによって、この行動をコンスタントに維持しているのであるならば、お買い物ポイントはこの人にとって好子であると言える。これも「好子出現の強化」の例である。好子が行動の直後に出現しているからである。「陸《おか》マイラー」という人たちがいるそうだが、とにかく生活のすべてを航空会社のマイル獲得に結びつけようとする。これほど、ポイントやマイルは好子として強力な場合がある。

「嫌子《けんし》」消失の強化

ここでもタイトルに出てきた「嫌子」という専門用語とは何かについて、今は説明しない。鋭い読者ならば、もしや先ほどの「好子」の反対ではなかろうかとお気づきのことであろう。また、日常例から考えてみよう。

あまり使用しない倉庫のような部屋に久しぶりに入ると、何だか息が詰まるような空気を感じた。カビのような臭いも立ちこめている。そんなとき、すぐに窓とドアを開けて空気を入れ換えるような行動を図示してみよう。

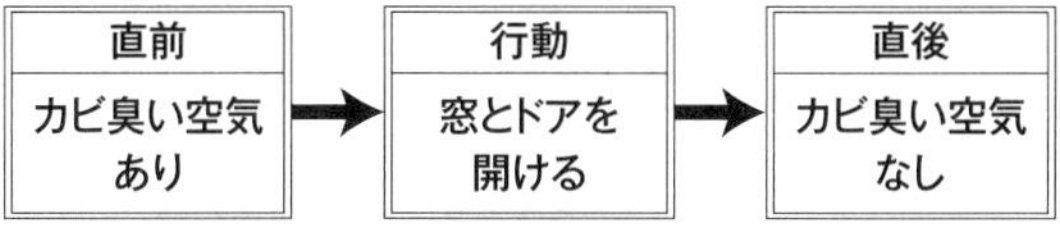

図2−5　カビ臭い部屋の窓とドアを開ける行動

この行動をした直後、しばらくすると新鮮な空気が流れてきて、カビ臭い空気はあっという間に消えていった。以後、同じような状況になると、同じ行動をする可能性が高くなったとしよう。この行動随伴性の特徴は、直前にあるものが直後に消失するということだ。図2−5を見ると、カビ臭い空気がこの行動の直後に消失したことがわかる。この場合、カビ臭い空気はこの人にとって「嫌子」であったと言える。直前と直後で見比べてみて、何かが消えるという変化があることを「消失」と呼ぶ。この例の場合、「嫌子消失の強化」である。

別の例を見てみよう。女性はいろいろな小物を持っている。「あぶらとり紙」というものも、きっと男性よりも女性のほうがたくさん消費しているものだろう。男性は（女性には不人気のようだが）、豪快におしぼりで顔面を拭《ふ》けばいいのだから、女性の不人気を気にする人以外、あまり持ち歩かない。この「あぶらとり紙」を使う行動を、図2−6に図示してみた。

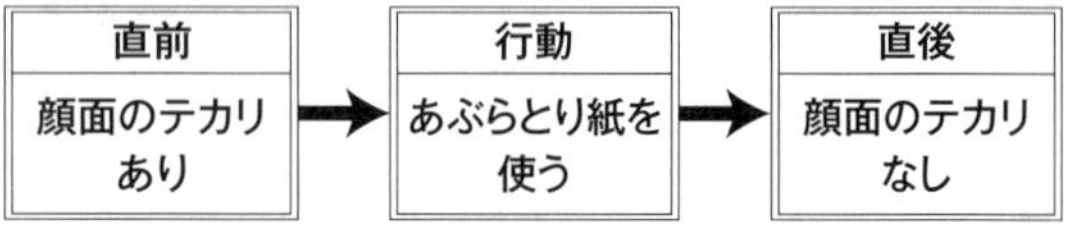

図2−6　あぶらとり紙を使う行動

この行動をした直後、気になる顔面のテカリがあっという間に取れた。以後、同じような状況になると、同じ行動をする可能性が高くなったとしよう。図2−6を見ると、顔面のテカリがこの行動の直後に消失したことがわかる。この場合、顔面のテカリはこの人にとって嫌子であったと言える。サバの照り煮は、テカリが多いほうが美味《うま》そうでよいみたいだが、顔面のテカリは嫌子のようだ。このあぶらとり紙を使う行動の例も、「嫌子消失の強化」である。

4. 行動を弱める弱化の原理（基本形）

これまで、行動の直後に生じた結果次第で、その行動が強まること（強化）の原理について紹介してきた。基本形は二つ。好子出現の強化と、嫌子消失の強化である。ここでも、鋭い読者はこう考えるのではないか？ 「じゃあ、好子と嫌子の出現と消失の組み合わせを入れ替えたら、行動は弱まるのか？」。その通りだ。数多くの動物を対象とした実験で明らかにされた自然科学の法則である。先ほど述べた強化の原理についても、これから述べる弱化の原理についても、古くはアメリカの心理学者、B・F・スキナー博士らによる動物の行動についての膨大な実験から見出されたものだ。このように言うと、「動物と人間は違う、一緒にするな」という素朴な感情的批判が起きるものである。医師や大学教授の中でさえ、「スキナーの心理学」と聞いただけで、「人間性を無視している」と本質から離れた嫌悪感を表明する人は少なくない。しかし、そのような素朴な批判は、素朴すぎるがゆえに事実に目を向けていない。行動の研究は、すでに人間の行動（赤ちゃんから高齢者、定型発達の人から障害のある人まで）においても明らかにされていて、日常生活上で起きる社会的問題への解決にも応用されている。1968年に創刊された“Journal of Applied Behavior Analysis”という雑誌（応用行動分析学の学術雑誌）の発展を見れば明らかである。行動分析学で明らかにされた行動の法則が、社会のあらゆる分野・領域における問題に応用され、対象は違っても共通する原理として通用していることがわかる。学校での指導、教師への支援、医療、リハビリテーション、高齢者・障害者への支援、健康、スポーツ、産業、安全、会社の組織行動など、幅広く人間社会の諸問題に適用され、成果を上げている。

ところで、スキナー博士自身は、「罰」を使って人間や動物をコントロールしようとする世の中に対して、大いに否定的であることは、著書や講演録からよく知られていることである。

以下は、世間一般で使われる「罰」という言葉の意味からとらえずに、「どういう場合に行動が減り、なくなるのか」というように、行動の原理に焦点を当てている。したがって、読者はきっと「なるほど、そういうのは『罰を受けた』って感じがしないよな（今まであまり意識しなかったが、確かにあるよな）」と思われるところもあるだろう。

嫌子出現の弱化

交通事故にあったトシアキさんは、痛ましい事故にあう前までは、青信号になったら横断歩道を渡っていた。決して、信号無視をしたことはないまじめな青年であった。その事故の日も、トシアキさんは青信号を確認してから横断歩道を渡ろうとしたのである。青信号を確認してからと言ってもあまりにも日常的な行動であり、大げさなものではない。ほとんど無意識に青信号をちらっと確認しただけで、いつものように渡り始めたのだ。すると、そこに赤信号を無視した自動車が突っ込んできたのである。

トシアキさんの行動は、その後、明らかに変わった。少なくとも、青信号を見てすぐに渡る行動はしなくなったようである。トシアキさん本人に聞いてみても、「青信号だからって渡ることはしませんよ」と言っていた。

図2−7を見てみよう。

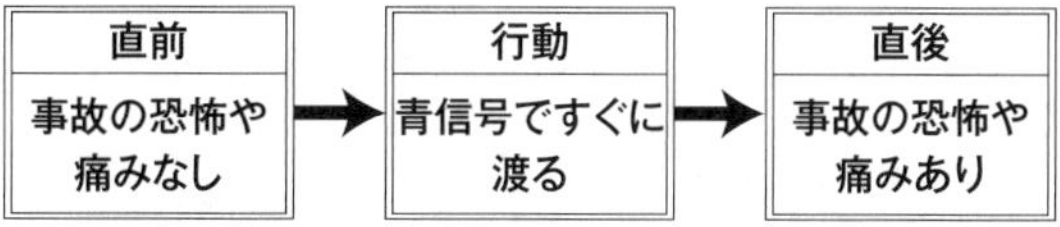

図2−7　青信号ですぐに渡る行動

この行動をした直後、不幸なことにトシアキさんは信号無視の自動車に接触してしまったのだ。以後、事故にあった交差点はもちろん、同じような横断歩道にさしかかったときも、同じ行動をする可能性が低くなった。この行動随伴性の特徴は、直前にないものが直後に出現するということだ。図2－7を見ると、事故の恐怖や痛みがこの行動の直後に出現したことがわかる。この場合、事故の恐怖や痛みはトシアキさんにとって嫌子であったと言える。これが、「嫌子出現の弱化」である。一般の人は、こういう出来事を「トラウマ」などと説明したがるようで、「トラウマがあるから青信号でも横断歩道を渡れない」と言いたがる傾向がある。行動随伴性の特徴は、記述概念（ビデオカメラで確認できる事実）だけを使う。「トラウマ」のような概念は、事実に対するレッテルにすぎないので、行動の原因として考えるのは“虎や馬”やなどというより、“馬鹿馬鹿しい”ものである。

別の例を見てみよう。

われわれ日本人には「カレーうどん」という、何だかすごい食文化がある。すごい、すばらしいと油断していると大変なことになるものだ。これを豪快にすすりながら食べると、着ていた服にカレーの汁が飛び散ってしまうことがある。カレーうどんに罪はないのだが、そういう経験をした人は意識せずとも以後の行動が変化する可能性大である。

図2－8を見てみよう。

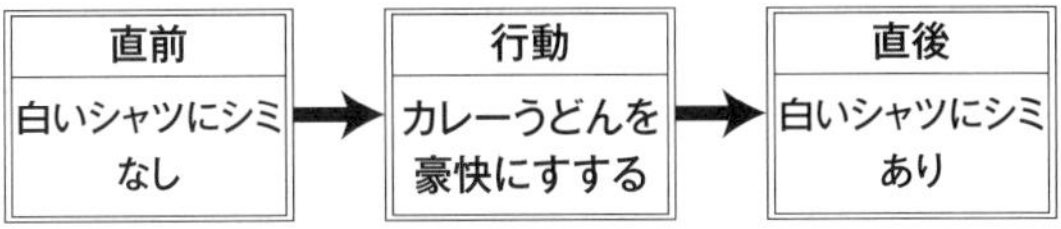

図2−8　カレーうどんを豪快にすする行動

この行動をした直後、自分の白いシャツに黄色いシミが付いてしまったのだ。以後、カレーうどんを食べるとき、豪快にすする行動をする可能性が低くなった。この行動随伴性の特徴も、直前にないものが直後に出現するということだ。図2−8を見ると、白いシャツに付いたシミがこの行動の直後に出現したことがわかる。この場合、白いシャツに付いたシミはこの人にとって嫌子であったと言える。カレーうどんを豪快にすすりながら食べたいときは、美容室で首から下にかけてくれるエプロンで身を包みたいものだ。

好子消失の弱化

最近、情報の電子化が進んできたおかげでとても便利になったのだが、一方で非常にまずい失敗も経験するものである。データを思わず消失してしまうという経験だ。スケジュール管理を手書きでしている人にとっては、その心配はないのだが、電子化する場合は簡単に消えてしまうリスクを伴う。特に、「同期する」というコマンドと「上書きする」というコマンドには要注意だ。古き日本人の私の場合、「同期する」という言葉は「同期の仲間と一緒にメシを食う」というイメージで「一緒」という意味だと勘違いしていたし、「上書きする」という言葉も「上書きするんなら下書きもどこかに残っているはずだ」と思い違いをしていた。「同期する」を選んで古いほうのデータが選ばれてしまったり、「上書きする」を選んで古いデータが完全に消えてしまったりしたことがある。たった1回のクリック動作で、大切なデータを失ってしまったことになる。パソコンを前に「そんな殺生な」と言っても、どうしようもない。

図2−9を見てみよう。

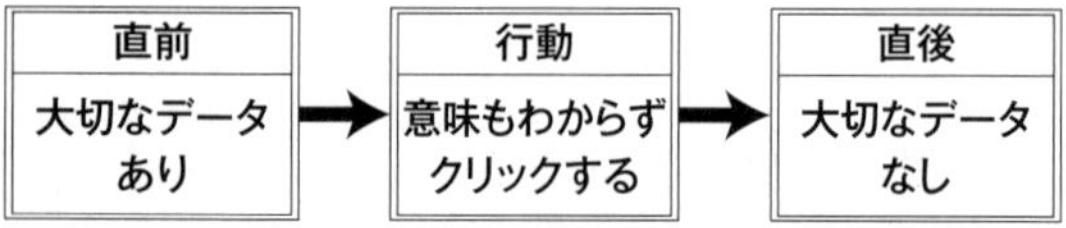

図2−9　意味もわからずクリックする行動

この行動をした直後、大切な過去のデータがあっという間に消えてしまった。以後、同じような状況において、同じ行動をする可能性が低くなったとしよう。

この行動随伴性の特徴は、直前にはあったものが直後に消えるということだ。図2−9を見ると、大切なデータがこの行動の直後に消失したことがわかる。この場合、大切なデータはこの人にとって好子であったと言える。これが、「好子消失の弱化」である。

別の例を見てみよう。

この好子消失の弱化については、日常的にはペナルティーと呼ばれる事実と同じと考えてよい。交通違反で罰金を取られることや、約束を破って母親から遊び時間を奪われてしまうようなものである。サッカーの試合では、一つの試合でイエローカード（警告）を2枚もらうと、2枚目はレッドカード（退場）を意味する。サッカーのようなスポーツにおいて、フィールドに一人足りないということは大きなハンデとなる。チームに相当な迷惑をかけることになるのだ。だから、1枚目のイエローカードをもらうと、選手の行動は非常に変わるようである。どう変わるのか外から見ていてはわからないかもしれないが、非常に「慎重に」なるようなのだ。少なくとも、1枚目のイエローカードをもらう前の、反則寸前のプレーはよほどのことがない限りしなくなる。

次ページの図2−10を見てみよう。

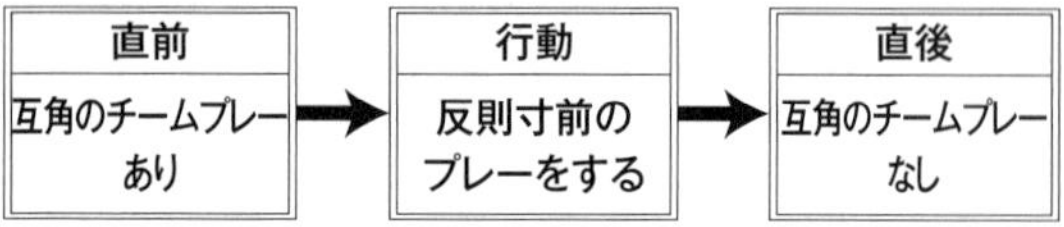

図2−10　反則寸前のプレーをする行動

この行動をした直後、またイエローカードをもらってしまった（そして、退場させられてしまって、チームは一人少ない状況で戦うことになった）。以後、１枚目のイエローカードをもらったとき、反則寸前のプレーをする可能性が低くなった。この行動随伴性の特徴も、直前にあるものが直後に消えている。

図２−10を見ると、相手チームと互角にチームプレーができていたのが、この行動の直後にできなくなったことがわかる。この場合、相手チームと互角のチームプレーをすることは、この人にとって好子であったと言える。反則も状況次第なのだが、ほとんど不必要な反則をした場合は、監督やチームメイト、あるいはサポーターから叱責《しつせき》を受けること（嫌子出現の弱化）もあって、こうした行動もその結果によって大きな影響を受けている。

5. 四つの行動原理で、あらゆる行動を説明する

これまで、二つの強化の原理と二つの弱化の原理を見てきた。基本形はこの四つである。好子と嫌子、出現と消失。この2×2で四つの行動の原理を覚えていただきたい。表にすると、次のようになる。

	出現	消失
好子	強化	弱化
嫌子	弱化	強化

表2-1　四つの基本随伴性

これは本当に大切なことなのだが、自然法則というものはすべての事象を確かに説明でき、なおかつ再現できるものでなければならない。この行動の法則がもし不完全な場合、他の理論やモデルで説明しないといけないとするならば、この行動の法則は自然科学で言うところの法則ではない。世の中には、「○○成功の法則」だとか、「○○引き寄せの法則」だとか、商用的な謳《うた》い文句で「法則」という言葉を使っているのを見かけるが、それらは自然科学で言うところの法則たりえるだろうか。

行動分析学は、たった四つの原理だけでよい。数学の基本に加減乗除があるように、良き科学としての行動分析学の基本原理もこの四つである。時代が変わろうと、原理は普遍である。

第３章　行動がエスカレートしたり、
叱られても直らないのはなぜ？

1. 行動の直後に何が起こったのかに注目せよ

前章では、行動を強める強化の原理の二つと、行動を弱める弱化の原理の二つを、日常的な行動を例にとって紹介してきた。ここで、好子《こうし》と嫌子《けんし》という行動分析学の専門用語について説明する。

読者諸賢は、すでに前章までの展開でイメージできておられるであろうが、ここで強調したいのは次の点だ。本書のタイトルに合わせれば、好子はメリット、嫌子はデメリットでよい。しかし、これらは人それぞれであったり、状況によって変動する。小学一年生のときは人前で「優しいね」とほめられて嬉しかったのに、小学六年生になって同じことをされると嫌がる子もいるのだ。無償のボランティアを続けている人には、お金が好子にならないだけであって、何か別の好子や嫌子がボランティア活動を強化しているはずだ。好子や嫌子は、行動が増えたか減ったか（続いているか、やらなくなったか）を見て判断されるものである。

また、好子や嫌子が行動の直後に「随伴している」ということがポイントである。「随伴する」とはまさに専門用語としても一般用語としてもコムズカシイ感じがするが、つまり、行動の結果は直後に起こる（行動に伴う）ことが大切であるということだ。では、直後とはいったいどれくらいの時間であろうか。それには、行動が起きてから「60秒」までという目安がある。この60秒という数字は誰かが適当に決めたというわけではなく、膨大な動物の行動実験に基づく明確な知見に基づいている。もちろん、人間を対象とした行動の実験においてもこの目安となる数字は無効ではない。

たまに、好子や嫌子を「行動の60秒後に」と誤解されることもある。そうではなくて、行動が起きて60秒を過ぎてから好子や嫌子が出現あるいは消失しても、ほとんど効果がないというのが本意である。できるだけ効果的に行動を変えるには、行動が起きてから好子や嫌子が結果として即時に出現や消失したほうがよい。即時とは行動と同時か、または１秒以内である。日常例を一つ挙げると、ダイエットの難しさがある。

2. なぜダイエットが難しいのか

体重を気にして何らかのダイエットを心がけているという学生たちに、いつも聞いているのは次の質問である。「現在、どんな目標を立てていますか？」と聞くと、「とりあえずマイナス4kgです」とか、「以前に着ていた服をまた着られるほどスリムになりたい」、「異性にモテたい」などと答えてくれる。目標を具体的に掲げることは間違いではない。ただし、こうした目標の掲げ方で留まるならば、それはまず成功しないのである。行動分析学の立場から考えれば、結果は行動ではない。つまり、「マイナス4kg」というのは行動ではなく、結果である。太りすぎて着られなくなった服を、また着られるほど腰回りがサイズダウンするのも結果である。痩《や》せたからといって異性にモテるかどうかは相手の好み次第であるが、それを別にしても、それもまた結果にすぎない。その結果を生み出すためには、何らかの行動が大切なのである。

そこでこの章の冒頭で述べたことを、この問題に当てはめて考えていただきたい。「行動の結果は直後に起こることが大切である」と述べた。とりあえず、マイナス4kgの半分のマイナス2kgだけでもよいから、その目標に合理的に近づく行動をしてみたとしよう。たとえば、今これからチョイスするランチメニューで、最初に魅力を感じた「ダブルチーズサンドとミニパスタ、シーザーサラダ、コーンポタージュのセット」を選ぶか、ヘルシーメニューの「グリーンサラダと豆乳スープとロールパンのセット」を選ぶか。摂取カロリーは後者なら前者の半分以下で済む。もし、ここで後者のヘルシーメニューを選んだとしよう。「ささやかな努力が報われますように」と願いつつ、夜に体重計に乗ってみたが体重は前日と変わらなかった。正直、がっかりしてしまうものだ。せっかく食べたいと思っていたほうを我慢したのに、それが報われなかったからだ。逆に、「ダブルチーズサンドとミニパスタ、シーザーサラダ、コーンポタージュのセット」のほうを選んで食べたとしても、その日の夜の体重計の数値は前日とさほど変わらないかもしれない。

いずれも、ランチを選んで食べてから体重計に乗るまで、数時間が経過しているのが問題なのである。冒頭で述べたように、行動が起きて60秒を過ぎてから好子や嫌子が出現あるいは消失しても、ほとんど効果がない。ヘルシーメニューを選んで食べた直後、体重が２kg 減るという魔法のようなことが起こるのであれば、ダイエットしたい人はその魔法のメニューを食べるようになるだろう。ダイエットしたい人にとって、体重計の２kg 減の表示は好子になっているはずだ。しかし、好子は行動が起きてから長くても60秒以内に出現していなければ効果がない。だから、ダイエットは簡単ではないのである。体重計の2kg減という表示は、きっと1回のヘルシーメニューを選ぶ行動だけでは出現するものではなく、その行動をコツコツと継続していく結果として得られるものなのだ。痩せるために食べないほうがよいとわかっているケーキを食べてしまうのも、直後に起きる悪い変化が少しだからだろう。ショートケーキ自体はひと切れ食べても150gの重さである。たとえ、そのショートケーキを食べた直後に体重計に乗ったとしても、体重計の目盛りは0.2kgくらいしか増加しない。しかしもし、このショートケーキをひと切れ食べるたびに、直後に2kg増えてしまうというのであれば、いくらケーキ好きの人でも、その「鬼のようなショートケーキ」は避けるだろう。ヘルシーメニューやショートケーキがどうなのかという問題よりも、これほどに「行動の直後」というのが重要になってくるのだ。塵《ちり》も積もれば山となるのは確かだが、結果が出るのに時間がかかる場合、問題となる行動になかなか影響を与えない。だから、ダイエットに成功したいと思うならば、どういう行動ならコツコツと継続できるのか、そしてどういう直後の結果によってその行動を習慣化するのかを考えてみなければならないというわけだ。

ジムに通うという行動も同じである。ジムにたった1回行くだけで、直後に何kgも痩せられるのであれば、ダイエットは簡単だろう。何kgも痩せるためには、ジム通いという行動もコツコツと習慣化しなければならないし、他にも習慣化しなければならない行動があるだろう。

ダイエットのためには、体脂肪や体重の減少・維持につながる適切な行動に、体脂肪や体重の変化という長くかかる結果ではなく、別の好子や嫌子を付加していく発想が必要となる。それらの好子や嫌子は、本来の目的に反するようなものでもよいのだ。

痩せるためにジムに通っていると言いながら、実際にはイケメンのコーチと会話するのを楽しみにしているという女性がいた。ヘルシーメニューを選択するたびに手帳に小さいシールを貼って、100個集めたらではなく100回連続して貼れたら沖縄旅行に行くという夫婦がいた。これならば、ジムに通うという行動に伴ってコーチと会話できるし、ヘルシーメニューを選択するたびに手帳に自分でシールを貼ることもできる。いずれも、行動の直後にしていることなので、かなり成功しそうなアイデアだ。

3. 行動が消えてしまうメカニズム（消去の原理）

行動を増やしたり（強化）、減らしたり（弱化）するためには、行動の直後の結果が重要であると繰り返し述べてきた。行動の直後に好子や嫌子が「随伴して」出現あるいは消失するというところを強調してきた。

では、もし行動が起きた後に何も結果が伴わなかったらどうなるのか？　この回答についても、膨大な動物の実験研究に基づく明確な知見から、はっきりと答えることができる。もちろん、人間を対象としたさまざまな研究からも明らかになっている自然法則である。

私は今、サンフランシスコのホテルでこの原稿を書いている。先ほど、ケーブルカーに乗ってフィッシャーマンズワーフまで昼ご飯を食べに出かけた。50代の夫婦が隣で私と同じクラムチャウダーを食べていた。夫のほうが近くでエサを待っている海鳥に向かって、「グワー、グワー」と声をかけた。海鳥の中には、たまたま「グワー、グワー」とこの紳士の声に合わせたかのように鳴くものもいたので、紳士はさらに調子に乗って「グワー、グワー」と鳥たちに声をかけていた。しかし、鳥たちは別に紳士の声かけに合わせて鳴いていたわけではなく、あくまでたまたま鳴いていただけだった。いくら紳士が「グワー、グワー」と声をかけても、鳥からの応答はない。しばらくすると、この紳士は「グワー、グワー」とは言わなくなった。なぜこの行動をしなくなったのか？　「飽きたから」とか「面白くなくなったから」と考えてはいけない。循環論に陥ってしまうからだ。そのような世間一般の習慣から離れて、行動随伴性で見てみよう。

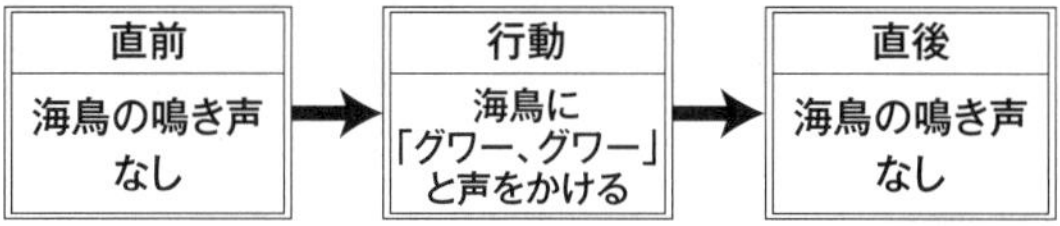

図3−1　紳士が海鳥に声をかける行動（消去）

図3−1の前に、この紳士が何度か海鳥に「グワー、グワー」と声かけをしたら、あたかも紳士の声をまねたかのように足下の海鳥が鳴いて応《こた》えてくれた。海鳥のリアクションは好子だったはずだ。しかしその後、海鳥はまったく紳士の声かけを無視するかのように辺りをうろついていただけだった。紳士の声かけは空《むな》しい感じがした。図3−1を見ると、紳士の行動の直後に海鳥の鳴き声がなくなったことがわかる。直前と直後を見比べると、まったく同じ内容である。前章では

「好子」や「嫌子」が、行動の直後に「出現」したり「消失」したりする場合を解説してきた（第2章の表2-1）。出現とは、直前で「なし」だったものが直後に「あり」に変わることだ。消失とは、直前で「あり」だったものが直後に「なし」に変わることだ。しかし、この図3-1については、直前と直後で何の変化も起きていない。つまり、行動に随伴して何かが出現したり消失したりしていないのである。

これは専門用語で「消去」と呼ばれる。この紳士の海鳥に向かって声かけをする行動は、しばらくするとすぐになくなったのだ。消去という現象は、こうした行動随伴性で図示され、今まで強化されていた行動が元のレベルに戻ることである。

ちなみに、このフィッシャーマンズワーフで出会った夫婦であるが、帰りのケーブルカーで再会することになった。向かい合わせの車内で、隣には1歳過ぎくらいの幼児を連れた若い夫婦がいた。さっきまで海鳥に「グワー、グワー」と話しかけていた紳士は、今度はこの幼児に向かって「ブルブル、ブー」などと話しかけ始めた。幼児は調子に乗って「ブー」と紳士の声かけに応じていた。すると、この紳士は「ブルブル、ブー」と言い続けて、幼児を喜ばせ続けていた。幼児のお母さんに、「ベビートークができるのね？」と声をかけられ、すかさず私も「バードトークもできるよね」と声をかけたものだから、紳士は得意そうな顔で終点までベビートークを続けていた。こちらの行動随伴性は、前章で紹介した「好子出現の強化」の例である（図３−２）。

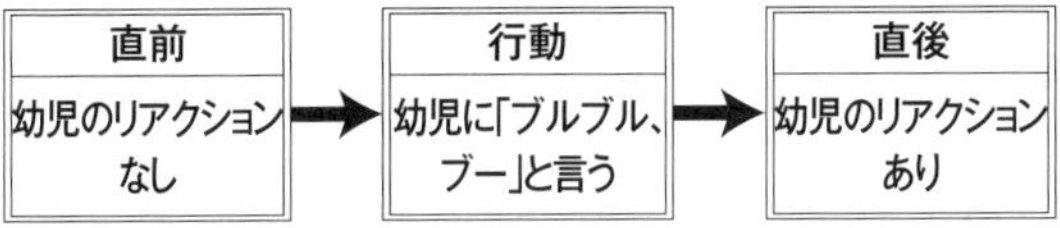
直前
幼児のリアクションなし
行動
幼児に「ブルブル、ブー」と言う
直後
幼児のリアクションあり

図３−２　紳士が幼児に声をかける行動（好子出現の強化）

このように、消去の行動随伴性の結果、海鳥に話しかける行動はすぐにやらなくなったのに対し、幼児に話しかける行動は幼児の最高のリアクションという好子のおかげで、何度も繰り返し持続した。これほどに強化された行動は維持するものだし、消去された行動は相対的に低いレベルになるということがおわかりいただけたであろう。

恋に破れて、行動が消去される

さて、消去のもう少し身近な例を考えてみよう。これもまた、大学生を相手に行動分析学の演習をしたときのこと、ある女子学生（リカコさん）が自分の経験を行動随伴性にして取り上げてくれた。まず、どのような行動が強化されていたのか。リカコさんは、駅まで車で送ってくれる親の都合でたまたま早めに乗った電車に、好みのタイプの男性が乗っていて、一目惚《ぼ》れしたのだという。彼女はとても自分から声をかける勇気もなかったということであったが、明らかに自分の行動が変わったということに気づいていた。つまり、30分早い電車に乗るとその男性と会えるということがわかると次第に、彼女には（用事もないのに）30分早い電車に乗る行動が増えたのだ。これは好子出現の強化の例だろう。図3−3を見てみよう。

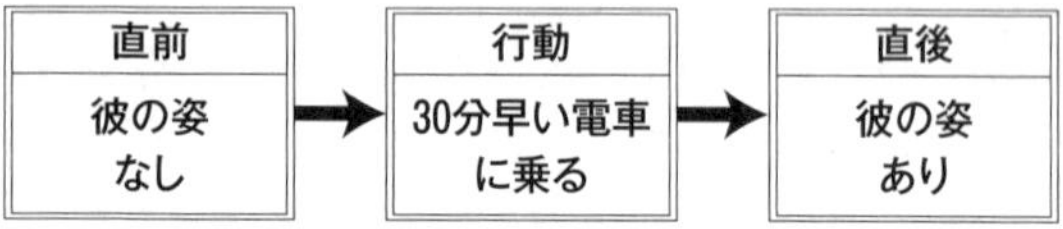

図3−3　リカコさんの30分早い電車に乗る行動（好子出現の強化）

あこがれの彼の姿を見るだけでも、リカコさんにとっては強い好子として機能していたようだ。世間一般では、こういうのを「恋」と呼ぶわけだが、恋にまつわるさまざまな行動も、すべて何らかの行動の原理の影響を受けて変化しているのだ。

ここからは、その恋が破れる話である。リカコさんによれば、結局、その恋はただのあこがれで終わったということだった。勇気を持って声をかけられないまま、終焉《しゅうえん》を迎えたのだった。ある日から、彼女はこの30分早い電車に乗っても、あこがれの彼の姿を見かけることがなくなった。今まで、その時刻の電車のその車両に乗っていれば、ほぼ必ず彼の姿を見かけたというのに。出勤時刻が変わってしまったのか、転勤してしまったのか、マイカー通勤することにしたのか、何もわからない。とにかく、彼の姿をまったく見かけなくなってしまったのだ。しばらくして、彼女はわざわざ30分早い電車に乗るという行動をしなくなり、彼に片思いを始める前まで使っていた１限目の講義すれすれの電車に乗るようになったという。わざわざ30分早い電車に乗るという行動は消去されたのだ。図３-４を見てみよう。

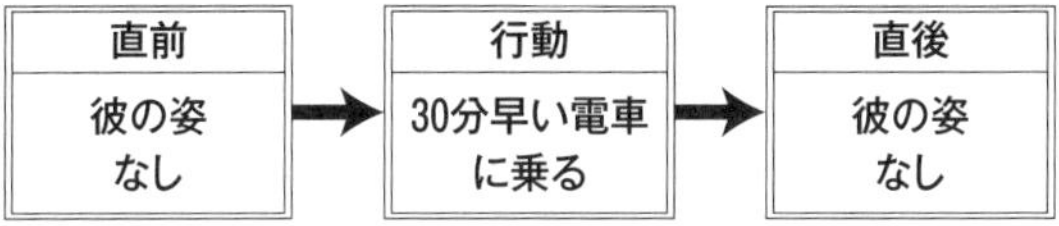

図３-４　リカコさんの30分早い電車に乗る行動（消去）

消去のダイアグラムは、直前と直後に変化がないということだった。図３－４を見ると、30分早い電車に乗っても彼の姿を見かけることはなくなったということがわかる。せっかく早起きして１限目の講義に余裕で間に合う電車に乗るという行動が強化されていたのに、この行動は元々めったにしなかったのだが、消去の原理によって元々のめったにしないレベルに戻ってしまったということだ。このような恋愛のケースでなくても、われわれはこうした消去の原理も日常生活の上でたくさん経験している。

4. とても大切な消去の原理

先ほど述べたような失恋のケースは、あまり経験したくないことかもしれない。読者の中には、「動機はどうであれ、早起きするという望ましい行動が消去されるなんて、まったく消去の原理とは困ったものだ」と思う方もおられるかもしれない。

しかし、消去の原理は悪いことばかりではない。むしろ、この消去の原理のおかげで、私たちはほとんど気づかないうちに日常生活上の無駄を減らして、さらに知恵を生かして過ごせるようになっているし、科学者や技術者が新しい発明や発見をすることにも貢献しているのである。

消去の原理について明らかになっている事実に、「消去抵抗」と呼ばれる現象がある。別の名称で、「消去バースト」と呼ばれることもある。実は、先ほどのリカコさんの「わざわざ30分早い電車に乗るという行動」は、最後にはめったにしないようになったのだが、すぐにこの行動をしなくなったわけではない。むしろ、一時的にこの行動はエスカレートしていたのだ。彼と同じ電車に乗ることができていた最初の頃、リカコさんのこの早めの電車に乗るという行動は週2、3回程度だった。ところが、彼の姿が見当たらなくなったその日以降（消去の開始）、むしろ早めの電車に乗るという彼女の行動は週5、6回程度にまで増加しているのだ。平日は毎日、かなり無理をして30分早い電車に乗るようになったのである。夕方からしか講義がない日であろうと、あるいは大学が休みの週末であろうと、ほぼ毎日のようにこのお決まりの時刻の電車に乗った。このようなことが2か月ほど続いた後、彼女はほとんど早い電車に乗ることをしなくなったのである。

このように、彼の姿を見かけるという好子の出現によって強化されているときは、その行動はコンスタントな頻度で起きていた。消去の開始以降、一時的に行動の頻度がエスカレートする現象を「消去抵抗」という。動物にも人間にも共通する消去の原理である。

5. 社会生活に重大な変化を及ぼす「強化スケジュール」

強化の原理と並んで消去の原理に関する研究は、行動分析学では「強化スケジュール」と呼ばれる研究でその法則が明らかにされたが、私はこの自然法則の発見はノーベル賞ものだと信じてやまない。強化スケジュールには、好子出現の強化の場合で言えば、行動に好子が毎回伴う場合（連続強化）と、何回かに１回の行動に好子が伴う場合（部分強化）とがある。行動してもまったく好子が出現しないのが消去である。部分強化のバリエーションは数多く存在し、そこで強化される行動の特徴も明確になってきている。

動物や人間の行動を理解するのに、これほど役立つものはないだろう。たとえば、ある人がギャンブルにのめり込む行動（経営者側は、のめり込ませる行動）をどのように理解するか。これは、部分強化の中でも「変動比率スケジュール」と呼ばれるものである。変動比率スケジュールでは、何回かに１回の行動に対して好子が出現するが、その好子がいつ出現するかは変動している。平均200回に１回の大当たり確率というのは、たまたま２回連続することもあるが、必ずしも200回に１回当たるというわけでもない。したがって、スロットマシーン愛好家は１時間に何百回もボタンを押し続け、たった数時間でも数千回もスロットを回転させる（お金をつぎ込む）。変動比率スケジュールと好子の量次第で、「のめり込みすぎ」や「のめり込ませすぎ」ということが起きるのだ。ギャンブル経営者側は、のめり込ませすぎてギャンブラーが破綻《はたん》して二度と来られなくなってもいけないし、客離れによって経営者側が倒産してもいけないと考えているのは当然である。「射幸心を煽《あお》りすぎない強化スケジュール」を各種データに基づいて考慮しており、大当たり確率や出玉数の基準はしばしば法的に改正されている。このギャンブルの例のように、国や自治体が強化スケジュールをしっかりと管理しなければいけないほど、強化スケジュールの作用は人間の社会生活に大きな影響を及ぼすものなのだ。

　子どもの発達においても、強化スケジュールの果たす役割の大きさを無視するわけにはいかない。お母さんは赤ちゃんの適切な発声に対して、毎回ほめることができるか。すなわち、連続強化が可能かと言うと、そんなことは実際の生活ではありえないだろう。むしろ、たまにしか相手にできない。すなわち、部分強化になっているのが現状だ。しかし、実は部分強化で強化された行動のほうが強く維持されるということもわかっているし、行動のバリエーションが豊かになることもわかっている。このことは、赤ちゃんの発達だけでなく、大人にとっても同じである。１回の挫《ざ》折《せつ》ですべてが終わりと感じる人もいれば、どれだけ失敗しても試行錯誤を続ける人もいる。生活している限りにおいて、強化スケジュールが人の行動に与える影響の大きさは計りしれない。

一般的に「あきらめない子」とか「失敗しても試行錯誤を繰り返す人」、あるいは「執着心の強い人」などと、性格のせい（あるいは血液型や遺伝などのせい）と説明されがちな表現も、実はどんな強化スケジュールで成長してきたのか、今どんな強化スケジュールに置かれているのかが大いに絡んでいる。

6. 強すぎる消去抵抗、消去バースト

強化スケジュール次第で、消去抵抗の強さや長さに

は大きな差があるということもわかっている。強化されていた行動に対して消去が起こるとき、一時的にその行動は必ずエスカレートするというのも確かなことだ。消去抵抗が強すぎる場合、まさに行動は爆発的に増加するので「消去バースト」と呼ばれている。消去が始まると、行動の頻度が一時的に増えるだけでなく、行動の種類にも広がりが見られるのも消去の原理の特徴である。

先の例のリカコさんの場合でも、早めの電車に乗る行動の頻度が増えただけではない。いつもの車両だけでなく別の車両を捜してみたり、さらに一つ早い電車に乗ってみたり、夕方に駅の周辺に出かけてみたりなどしたという。名前も知らないあこがれの彼の姿を見かけるという好子は、きっと彼女にとって絶大なものだったに違いない。あれやこれやと必死になって行動したけれども報われず、2か月ほどしてそれらの行動はまさに消去されたのだ。

消去の連続に耐える

先ほど、消去の原理は日常生活上の知恵にも役立っているし、科学者や技術者が新しい発明や発見をすることにも貢献していると述べた。もう少し身近な例からそのことを考えてみたい。

下の図3−5に、二つの行動を例示してみた。読者には「ある、ある」と思って読んでいただけると幸いだ。

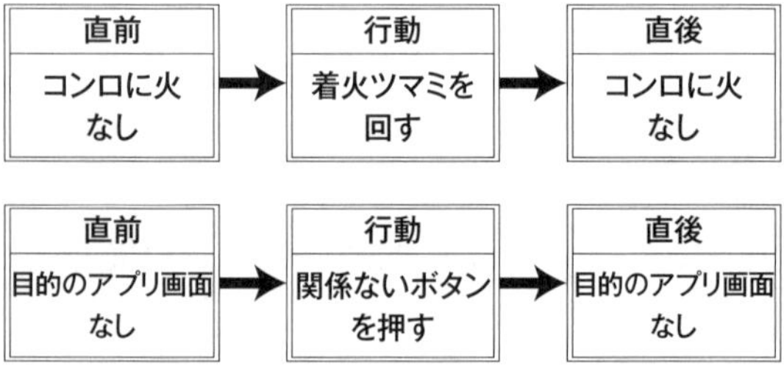
直前
コンロに火なし
行動
着火ツマミを回す
直後
コンロに火なし
直前
目的のアプリ画面なし
行動
関係ないボタンを押す
直後
目的のアプリ画面なし

図3−5　日常的な行動の例（消去の原理）

上段の例は、似たような経験をお持ちなのではないだろうか。通常は、カセットコンロの着火ツマミを回すのは1回でよい。ところが、もし1回だけ回して、つくはずの火がつかなかった場合、どういうことが起きるだろうか。せっかく仲間を自宅に招いて、「さあ、具材も準備できたし、あとはコンロに火をつけて」という段階で、コンロに火がつかない。こんなとき、「残念ながら、本日はカセットコンロが不機嫌なために鍋パーティーは中止します」と宣言するような人は見たことがない。きっと、何度も着火ツマミを回しては戻し、また回しては戻しと、普段なら１回で終わる行動の回数が増えるだろう。場合によっては、カセットを外して付け直したり、ドライバーでガスが出てくる鉄の部分をコンコンと叩《たた》いたり、いろいろな行動をするはずである。消去抵抗が生じ、消去バーストも生じている。鍋にありつけるという好子を目前に、そのバーストの有様はかなり強いものになるはずだ。

下段の例は、機械が苦手な人でも徐々に操作がうまくなっていく例である。こんなことにも消去の原理が働いていると気がつく人は、ほとんどいないものだ。行動の原理は、ほとんど無意識のうちに私たちの行動に影響を与えているのである。あるアプリケーションを使いたいと思って、あてずっぽうで適当なボタンを押しても、目的のアプリは起動しない。そのアプリを起動するために必要な行動は一つしかないはずである。関係ないボタンを押しても、目的のアプリ（好子）は起動（出現）しないのであるから、関係ないボタンを押すという行動は消去される。あれこれ試行錯誤しているうちに、たまたま正しいボタンを押した結果、目的のアプリ画面が起動した。すると、正しいボタンを押すという行動は、好子出現の強化のおかげで増加する。知らないうちに、関係ないボタンを押す行動は消去され、正しいボタンを押す行動だけが強化され、いつしか無駄な操作がなくなってくるはずだ。

きっと、科学や技術の世界でもあれやこれやと試行錯誤（行動の結果によって新しい行動が強化されたり、関係ない行動が消去されたり）することで、新しい発見が生まれるのだ。ワクチンの開発など、何千、何万という「関係ない行動」を何か月も何年もし続けることで、ようやく一つの効果的な事象が発見されることがあるのだろう。こうした気の遠くなるような消去の連続に耐えて結果を生み出すことは、他の動物にない人間の行動の特徴の一つであろう。

本書はこれまで人間と動物に共通する行動の原理を強調してきたが、同時にこのように他の動物と異なる特徴についても述べていく。

7. 叱《しか》られてもやめられないのはなぜ？（回復の原理）

前節までは、強化されていた行動が強化されなくなったとき（消去）のことを述べてきた。今度は、弱化されていた行動が弱化されなくなった場合も考えてみなければならない。弱化には二つの原理（基本形）があった。一つは嫌子出現の弱化、もう一つは好子消失の弱化である。嫌子や好子の「出現」や「消失」ということがなくなったら？　つまり、前節の消去の原理のように、行動の直前と直後で変化がないようになればどうなるのか。

日常例から考えてみよう。

会社員のユカリさんは、自他共に認める甘党である。甘いものには目がない。甘いものが大好きだが、体重が増えるのは大嫌い。それに、同棲《どうせい》中の彼氏のタツミさんに「それ以上、太ったら別れるからな」と、先日、イエローカードをもらったところだ。ユカリさんは、タツミさんに「じゃあ、夕方4時以降に私がスイーツを食べようとしたときは『おデブになっちゃうよ』と言ってよ」と彼に協力をお願いした。タツミさんも了解し、その日のお昼以降、さっそく「デブ道一直線だな」とか「デーブ・ユカリか？」と言ってくれるようになった。確かにこれは効果的で、彼女のスイーツを食べる行動はゼロにはならないが遅い時間に食べることはなくなり、午前中に食べるのも量が少なくなってきた。弱化の原理だ。自分からお願いしたことだが、彼氏に「デーブ」とか言われることは、ユカリさんにとって嫌子だったようだ。3か月後、この懸命な努力によってユカリさんの65kgあった体重が56kgにまで減少し、ベストコンディションとなっていた。さらに３か月経過しても、55kg前後の体重でリバウンドもなく、スイーツも上手に少量だけ味わう注意深い人になってきた。

ところが、悲劇はやってくるものだ。せっかく彼好みのプロポーションを手に入れたというのに、まったく別の理由で彼らは別れることになってしまった。ユカリさんはタツミさんを失ったというショックも大きかったが、スイーツを食べようとするときに、警告してくれる協力者を失うというのも大きな痛手であった。もう今までのように警告してくれる人はいない。するとどうか。せっかく、嫌子出現の弱化によって、スイーツを思う存分食べる行動がかなり減っていたのに、この減っていた行動がまた元のレベルまで戻ってしまったのだ。つまり、甘党のユカリさんは元々思う存分食べたいときにスイーツを食べていたのだが、その当時のレベルまで行動が戻った（増えた）。こういう現象は、「回復の原理」と呼ばれている。

図３−６の行動随伴性を見ていただきたい。行動の、直前と直後の変化を見比べてほしい。その行動の結果、まったく何も変化していない。行動に嫌子が伴わなく

なった。

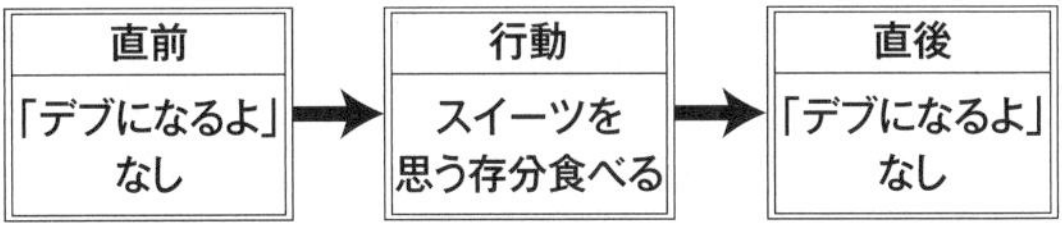
直前
「デブになるよ」
なし
行動
スイーツを
思う存分食べる
直後
「デブになるよ」
なし

図3−6　ユカリさんのスイーツを思う存分食べる行動（回復の原理）

失敗はこうして繰り返す

もう一つ、別の日常例を考えてみよう。

スピード違反で、点数を引かれた経験のある人にはわかりやすい例だろう。時速50キロの一般道で、30キロオーバーで白バイに追いかけられて停《と》められた。罰金を払うことも点数を引かれることも嫌なことだが、ネズミ取りに引っかかった嫌な感じが即時的で強烈な嫌子だった。それが証拠に、その日以降、毎日通勤しているその道路では、何気なく速度を落として走行するようになっている。速度超過につながるアクセルの踏み込み行動が減っているのだ。そのようにしていると、制限速度を大幅に超えることはないし、そんなにいつも捕まるわけでもない。ネズミ取りに引っかかってから、もう6か月は経過しただろう。そんな嫌な記憶は走行中、ほとんど意識の中には入っていない。ふと思い出したとき、また同じ道路を30キロオーバーくらいで走行しているのに気づく。捕まる以前のようにアクセルを踏み込んでいるのだ。図３−７を見ていただきたい。これも回復の原理である。ネズミ取りに引っかかるという嫌子が、アクセルを踏み込んで制限速度を超えて走行する行動に対して、この半年間、一度も随伴しなかった。行動の直前と直後に何の変化も起きていない。

図３−７　速度超過に関わる行動（回復の原理）

こんな感じの人は、また忘れた頃にネズミ取りのお世話になるのだ。周囲の人は、「あんた、同じ失敗を繰り返すねえ」とか、「何度同じ失敗をするとわかるの？」とたしなめるのだが、そんな言葉で行動が変わるものではない。叱られても痛い目にあっても、また同じ行動を繰り返すというのが、回復の原理の特徴である。別の言い方をすれば、叱ったって痛い目にあわせたって、一時的に行動を抑制することは可能だが（弱化の効果）、弱化の効果は長続きしないということだ。

8.「アメとムチ」という発想を捨てよう

行動分析学について誤解している人は、行動分析学や行動療法のことを「アメとムチを使うのでしょ？」と思い込んでいるようだ。そのような「アメとムチ」という表現による誤解は、レベルの低い「無知」なる思い込みなのである。はっきりと言えば、人間の行動を変えるのに「ムチ」にも効果があるのは確かではあるけれども、すでに「ムチ」を使わないで行動を変えるテクノロジーもたくさん開発されている。あえて同じ表現を使わせていただくならば、「アメとアメなし」という方法がある。実は、このことはすでに消去の原理のところで解説した例で明らかにしている。たとえば、74ページの図３−５の下段で解説したように、目的のアプリ画面を出すのに関係のないボタンを押す行動は減り、正しいボタンを押す行動が増えていく。二つの行動随伴性を並べて見てみよう。次ページの図３−８である。

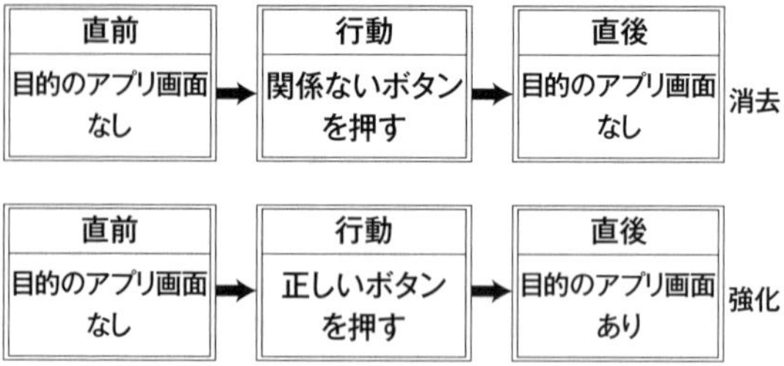
直前
目的のアプリ画面なし
行動
関係ないボタンを押す
直後
目的のアプリ画面なし
消去
直前
目的のアプリ画面なし
行動
正しいボタンを押す
直後
目的のアプリ画面あり
強化

図3−8　携帯電話の操作に徐々に慣れてくること

上段は携帯電話の操作において、目的と関係ない操作をしてしまう行動が消去されるダイアグラムである。下段は、目的に到達する唯一の正しい行動をしたときだけ、好子出現の強化が生じるダイアグラムである。これが同時に進行していると考えてよい。関係ないボタンを押したからといって、叱られる必要などないのだ。叱られなくても学習はできる。

きっと、良いコーチングというのはこういうものだろう。精神論が根強いスポーツの世界こそ、「あの監督は、アメとムチの使い方が上手だ」というような表現をよく聞くことがある。真剣勝負において、「どのような状況でもムチは絶対にいらない」とまでは言わないが、新しい技能を教えるということに限って言えばムチは不要である。今度は、図3−9を見ていただきたい。

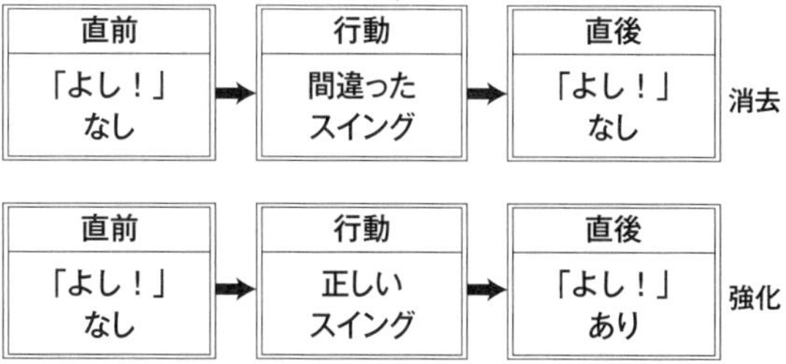
直前
「よし！」
なし
行動
間違った
スイング
直後
「よし！」
なし
消去
直前
「よし！」
なし
行動
正しい
スイング
直後
「よし！」
あり
強化

図3−9　正しいスイングを教えること

上段は野球の打撃において、間違ったフォームでスイングをしてしまう行動が消去されるダイアグラムである。下段は、望ましいフォームでのスイングをしたときだけ、好子出現の強化が生じるダイアグラムである。これを同時進行させる。野球で言えば、ティーバッティングで連続的にボールをネットに向けて打つ練習のときに、望ましいフォームに近いフォームでスイングをしたときには「よし！」と短くほめ、それ以外は何も言わない（いちいち叱る必要はない）という方法だ。いちいち叱るよりも、これでたくさんのボールを打ち返していったほうがよいだろう。

繰り返すが、ムチ（嫌子出現の弱化）は新しい行動を教えるためには不必要である。激しく自分や他人を傷つけるような行動に対して一時的に使用することは考えられるが、とにかく新しい行動を教えるためには「アメとアメなし」、つまり強化と消去の組み合わせを利用するようにしたい。

「ムチ」の副作用

行動分析学は、弱化の効果的な側面を熟知しているだけでなく、その「副作用的なもの」についても熟知している。嫌子を利用した弱化の副作用をいくつか並べてみよう。

弱化（世間一般で「罰」とか「ムチ」と呼ばれること）を多用することによる副作用は、次の通りである。

（1）行動自体を減らしてしまう

叱られないようにするために、何もしないようになる。いわゆる「積極性」が失われやすい。

（2）何も新しいことを教えたことにならない

新しい行動は強化と消去の組み合わせによって生まれる。

（3）一時的に効果があるが持続しない

回復の原理がある。叱られないと行動しないのであれば、常に叱ってくれる人の存在が必要となる。

（4）弱化を使う側は罰的な関わりがエスカレートしがちになる

虐待につながりやすい危険性をはらんでいる。弱化を使う側は「どうして、何度言ってもわからないの⁉」と考えがちになる。そして、叩く強さやペナルティーが徐々に増してしまう。

（5）弱化を受けた側にネガティブな情緒反応を引き起こす

極度に人を恐れたり、恨んだりすることが起こりやすい。あるいは「自分はだめだ」と思い込んで非活動的になり、いわゆる「自尊心」が傷ついた状態に陥りやすい。

（6）力関係次第で他人に同じことをしてしまう可能性を高める

弱化を受けた側が、状況が変わって力関係の強い側に回った場合、力関係の弱い相手に対して同じような罰的な関わりを行ってしまいがちになる。

以上のような副作用を考えると、やはり弱化については原則的に使用しないと心がけておく必要があるだろう。「行動分析学というものは非人間的だ」などといった思い込みによる批判を受けることがあるが、このように弱化を多用することによる副作用を他の分野の心理学者よりも熟知しているために、人一倍その使用には警戒している。強化と消去の組み合わせを利用しようとする基本姿勢を見れば、むしろ行動分析学は非常に人間性のある学問だとすら言えるだろう。

第4章　行動に影響を与えるメカニズム（応用形）

1. 日常の行動はもっと複雑

第２章では行動の法則の基本原理を紹介した。強化の原理は「好子《こうし》出現の強化」と「嫌子《けんし》消失の強化」の二つ、弱化の原理は「嫌子出現の弱化」と「好子消失の弱化」の二つであった。日常的に何気なくやっている行動、いつの間にかやらなくなった行動を例示し、解説してきた。この基本原理だけでも、役に立たない循環論（「“こころ”に感じたからその行動をしたのだ、その行動をした理由は“こころ”に感じたからだ」のような説明）から脱却できるので、有機体（人間も含めた動物）の行動を理解するのに大いに役に立つ。

しかし、よくある行動分析学に対する批判の中に、「動物の行動ならばわかるが、人間の行動はもっと複雑でしょう？」というものがある。人間の行動は複雑だから、別の分析の枠組みを作ったほうがいいのではないか。そのようにして、認知科学や脳科学などが、どんどん新しい仮説やモデルを作り上げていった歴史がある。ところが、その仮説やモデルでは説明がつかない事象が起きると、また新たな仮説を作り出さないといけない。新たな仮説では、今度は他の行動の説明がつかなくなる。だから、包括的な仮説やモデルを構築しなければならない。新たな仮説やモデルを構築することは、研究者に何か新しいものを発見したかのような気分を与え、注目されたり、名を残せたりしたような錯覚に陥らせる。こうした研究者の行動はどの業界においても見られるものだろう。

一方で、そうした研究者によって明らかにされたデータから得られる知見もたくさんある。ただし、相当に気をつけないと、人間の行動を深く理解しようとして、かえって事実から遠ざかっていく場合がある。新しい仮説やモデルを作り上げるためには、新しいターム（専門的な技術用語）が必要となる。そのタームには定義が必要で、その定義にはまた別のタームが使われている。私はこうした科学を「バッドサイエンス」と見なしている。説明のための説明が必要となり、その必要な説明にもまた別の説明が必要だからだ。一方、一般の人や他の心理学者に「単純すぎる」と批判されることのある行動分析学は「グッドサイエンス」の典型だろう。少ないタームですべての行動を網羅できるので、説明のための説明を必要としないからだ。第2章で解説した行動の四つの法則と、第3章で解説した消去と回復の二つの法則で、日常生活上のおよその行動を説明することができる。説明どころではない。これらは仮説やモデルと違って原理（自然法則）なので、その行動の変容を予測・制御でき、再現もできるのである。

人間の行動をより深く理解するために

その上で、「人間の行動は他の動物のそれよりも複雑である」ということに、行動分析家としての私も同意したい。ただし、他の心理学や世間一般の常識レベルのものとはまったく理由が異なる。なぜ、行動分析家も人間の行動が他の動物のそれよりも複雑であると認めているのか。それは、行動分析学ではすでに数多くの実験研究から、人間と動物の行動の共通点と相違点を明らかにしてきているからである。ビーフジャーキーと100万円の札束を目の前に並べて、札束を選ぶ行動を芸当として犬に教えることはできるが、ビーフジャーキーの会社の株の値上がりを期待して証券会社に行く可能性があるのは人間だけである。夕方に友人と会う予定があるので、ニンニクをふんだんに使用したランチを食べるのを自重できるのも人間だけである。

この章では、人間の行動をより深く理解するために、第２章で解説した四つの基本原理の応用形を紹介する。

どんなに複雑に見える行動であろうと、強化と弱化の原理には変わりがないし、出てくるタームも好子と嫌子だけである。ただ応用形では、そこに「阻止」という専門用語が一つ加わるだけである。

2. 行動を強める強化の原理（応用形）

第2章で解説した四つの行動随伴性（二つの強化の原理、二つの弱化の原理）は、「基本随伴性」と呼ばれるもっともベーシックなものである。行動分析学のあらゆる教科書で、用語が違うことはあっても必ず解説されている基本中の基本だ。

この章では、「阻止の随伴性」の四つを日常例からわかりやすく解説する。この阻止の随伴性の特徴については、杉山尚子氏らの別の専門書（『行動分析学入門』〈産業図書〉）で詳しく解説されている。ここからは、阻止の随伴性によって強化されたり弱化されたりしている日常的な行動を例に考えてみよう。

嫌子出現「阻止」の強化

今、この原稿を書こうとしたとき、宅配ピザのアルバイト店員のことを思い出した。私は宅配ピザを頼むとき、結構、ピザ以外のサイドメニューも一緒にオーダーする。たとえば、シーザーサラダやフローズンヨーグルトもオーダーしている。よく注文する店には若いアルバイトの男の子がいて、彼は半年に一度ほど、サイドメニューを持ってくるのを忘れることがある。玄関先でレシートを見て、「あっ、すいません！　シーザーサラダをお持ちするのを忘れてしまいました。すぐに取りに帰ります」と、ばつの悪そうな顔をする。きっと、このアルバイト店員は店で叱《しか》られるのだろうから、それがちょっと気の毒なので私は叱らないことにしている。しかも、シーザーサラダを持って再配達に来たときに、「500円オフお詫《わ》びクーポン」を渡してくれる。むしろ、これはラッキーなアイテムをゲットしたぜと、私は心ひそかに喜んでいるほどだ。

　ところが、半年後にまた同じ彼が「すいません！　フローズンヨーグルトを忘れてしまいました」とのたまう。私は内心「またかいっ！　よく忘れるなあ」と思いつつ、ちょっと顔はフリーズしていたかもしれないが、叱らないで待つことにした。またも、「500円オフお詫びクーポン」持参。このクーポン、半年間ほど有効なので、もしかすると、そういう営業？　確かに、このクーポンが手元にある限り、他の宅配ピザ店を利用する回数が減っているような気がする。

嫌な思いをしないために

こういう理由もあって私はそのアルバイト店員を叱らないのだが、人によってはびっくりするぐらいアルバイト店員を怒鳴りつける場合がある。また、会社にクレームの電話をする客もいるだろう。会社側は、お詫びクーポンを意図的に配布する営業をしているのでないならば、なるべくクレームは減らしたいはずだ。そのために、アルバイト店員がすべき行動は何なのか。店を出る前に、バイクの中に入れる商品と、その商品がすべて印字されたレシートを注意深く指さし確認でもすれば、サイドメニュー忘れが減るであろう。この注意深い確認行動をやらない場合、たまにこうした配達忘れが起きてしまう。このアルバイト店員の行動が改善された場合の行動随伴性を見てみよう。

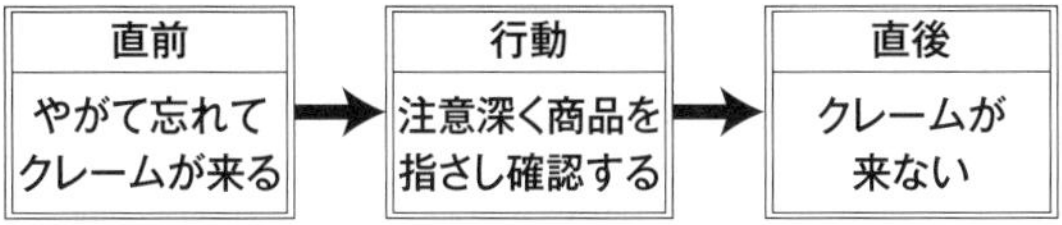

図4−1　注意深く商品を指さし確認する行動

客からの厳しい怒鳴り声や、会社へのクレーム、再配達のために店に戻って上司に叱られることなどは、いつも起こっていることではなく、いつか起こる可能性のある嫌子である。「注意深く検品しなければ、やがていつか商品を入れ忘れて、クレームが来るかもしれない」とか、「指さし確認をすれば、商品の入れ忘れは減る」というように行動随伴性を言語化したものは、「ルール」と呼ばれる。ルールはそれ自体、好子にも嫌子にもなりうる。ルールによって制御される行動は、「ルール支配行動」と呼ばれる。嫌子が出現することは、極力阻止したいものだ。前ページの図4－1で示した注意深く商品を指さし確認する行動は、客からのクレームや上司からの叱責《しつせき》などの嫌子が出現するのを阻止するための行動である。これを、「嫌子出現阻止の強化」と言う。いつまでも改善しない店員は、「忘れないように気をつけます」と具体的でない行動を心がけるであろうが、良き行動分析家ならば「注意深く商品を指さし確認する行動」のように、積極的にやるべき行動を目標にするだろう。嫌子出現阻止の強化は、怒鳴られたり、恥をかいたり、ケガをしたり、事故を起こしたりしないためにしている行動を考えるときに便利な枠組みである。

好子消失「阻止」の強化

パソコンで文字入力をする場合のことを考えてみよう。私は結構、入力中の文章を確定させるためにリターンキー（Enter）をこまめに押すほうである。パソコンを始めた頃は、「昔は結構、長い文章を入力してまとめて漢字変換のためのスペースキーを押してからリターンキーを押したものだ」。このカギ括弧の中くらいの文書を一気にローマ字で入力し、スペースバーで日本語に変換していた。すると、いろいろな弊害が起こる。一つには、思わぬところで誤ってデリートキーや他のキーを押してしまって、せっかく入力した文字を消してしまうことがあった。また、日本語候補が思わぬ文節で判断されて、たとえば「スペースキーを押してからリターンキーを」と表記したかったのに、「スペースキーを押して空リターンキーを」となってしまうことがある。こうなると、漢字の区切りを選択し直すために下ボタンや右ボタンを動かして修正する手間がかかってしまう。そうならないために、今では「なるべく文書を／短く入力して／漢字変換のために／こまめに／スペースキーを押してから／リターンキーを押して／文字を／確定している」と、スラッシュの部分ごとに漢字変換して確定させるようにしている。誰かに教えてもらったわけではなく、使い続けているうちに行動が変わってきたのだ。こまめに文書を確定する行動を、次に図示してみよう。

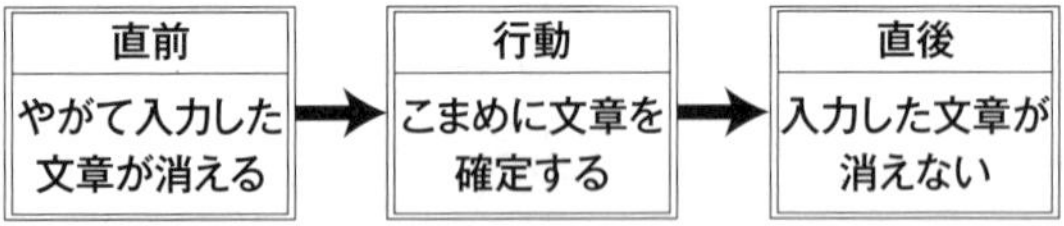
直前
やがて入力した文章が消える
行動
こまめに文章を確定する
直後
入力した文章が消えない

図4−2　入力した文章をこまめに確定する行動

ついつい文章を長々と入力してしまえば、いつかその入力中の文章を誤変換で確定させてしまったり、デリートキーで消してしまったりすることがあるかもしれない。せっかく入力した文字は好子である。その好子が消失するのを阻止するための行動である。これを、「好子消失阻止の強化」と言う。

持ち物が増えると悩みが増える

やがて保存ディスクが壊れる日が訪れるので、ときどきデータのバックアップを取っておくことも同じ原理である。あるいは、アパートのオーナーが建物周りの整備をするお金を本当は使いたくないけれども、それをやらないと入居している優良な借り主が出て行って空室になるかもしれないので、コンスタントに整備するような行動も、同じ原理でとらえられるだろう。私は、自動巻きの時計をしているのだが、これは毎日動かしていないと止まってしまって時刻合わせが面倒だし、止まったまましばらく使用しないと壊れやすくなるらしいので、毎日使用している。好子出現の強化だけなら気持ちイイのだが、壊れないために同じ時計を着けているという好子消失阻止の強化も同時に行動に影響を及ぼしていて、あまり気持ちイイものばかりではない。「持ち物が増えると悩みが増える」といったような箴言《しんげん》を聞いたことがあるが、これは阻止の随伴性が絡んでいるからかもしれない。

3. 行動を弱める弱化の原理（応用形）

さて、今度は行動を弱める弱化の原理についても、阻止の随伴性から考えてみよう。

嫌子消失「阻止」の弱化

小児科医は大変だ。大人を相手にする内科ならば、注射１本の処置で手間取ることはほとんどなかろう。しかし、子ども相手となれば悪戦苦闘になること日常茶飯事だ。逃げる子どもを看護師と二人がかりで押さえつけることもあるかもしれないし、嫌な思いをさせないように説得して我慢を促そうとする場合もあるかもしれない。いずれにせよ、小児科医にとっては内科医と同じ注射１本でも大変な労力である。

そんな小児科病院で目撃した話を一つ。小さなトゲがいくつか手の甲に刺さってしまい、自宅では取れないからと来院した親子だが、例に漏れずこの男の子はジタバタしていた。看護師とお母さんとで腕と手を押さえ、少しだけ痛みを我慢しなければならないシチュエーションだ。１本、２本とトゲを抜いていくドクター。押さえられながらもジタバタする男の子。「じっとしていないと取れないよ」と看護師。男の子は泣きながらも、徐々に痛みをこらえてジタバタするのをやめた。すると、ドクターのトゲ抜きはスムーズに終了し、無事に男の子の手の甲の処置は終わった。次に図示してみよう。

図４−３　男の子のジタバタする行動が減る

手の甲に刺さったいくつかのトゲは嫌子である。こうした嫌子が消失するのを阻止してしまう行動は減る。これを、「嫌子消失阻止の弱化」と言う。ジタバタして余計に問題の解決を遅らせるような行動が減る場合、この行動随伴性を考えてみればよい。

好子出現「阻止」の弱化

とある保育所でのこと。ベテラン保育士が年長児を相手に、「さあ、これから紙芝居を始めます！」と声をかけ、スタンバイ。子どもたちはテンションが上がりっぱなしで、なかなか静かにならない。保育所でよくある光景だ。ベテラン保育士は1回だけ、人差し指を口の前に持ってきて「静かにのポーズ」を取った。もちろん、これだけでは半分くらいの子どもしか静かにならない。ベテラン保育士はそれ以上、静かにのポーズを取らなかったし、「静かに！」とうるさく怒鳴らない。ただ、待つだけ。静かに全員が前を向くまで、紙芝居を始めない。しばらくすると、年長児たちは口を閉じ、扇の要のポジションでスタンバイしている保育士のほうに体を向けて静まった。私語をし続けると、紙芝居が始まらないからだ。次ページに図示してみよう。

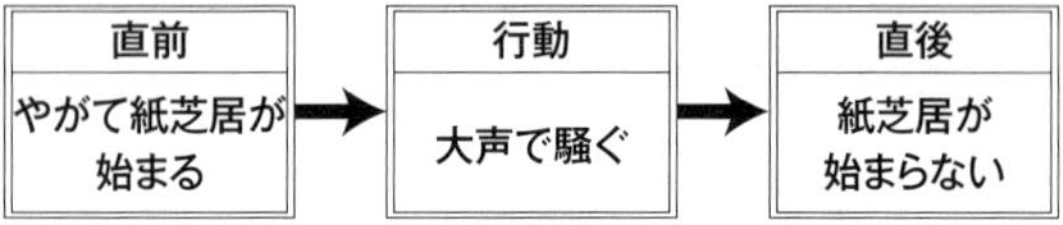

図4－4　大声で騒ぐ行動が減る

紙芝居は好子である。好子が出現するのを阻止してしまう行動は減る。これを、「好子出現阻止の弱化」と言う。もちろん、周囲の仲間に「静かに！」と叱られるのであれば、嫌子出現の弱化でもあろう。それでも、叱る人が周囲にいなくても、好子の出現が延期されるような行動が減る場合、好子出現阻止の弱化を念頭に置いておくとよい。

「じっとしている」は死人にもできる

阻止の随伴性の弱化で気をつけなければならないのは、行動の部分をどのように見るかである。ついつい、行動のように思えて行動ではないもの、すなわち死人テスト（第2章参照）に引っかかるものを想定してしまう間違いである。

図4－5と図4－6は、しばしば見られる分析の間違い例である。

図4−5　嫌子消失の強化（基本形）と見なす間違い例

図4−6　好子出現の強化（基本形）と見なす間違い例

じっとしていること、静かにしていること。これらは、死人の得意技であるので行動ではない。それでも、ついついこれらを行動と考えたくなる人は多かろう。「認知過程」のような内的モデルで、行動の原因を探りたいという衝動に駆られるのであろう。分析に困ったときに別のモデルを引き合いに出す行為は、バッドサイエンスである。そんなときにこそ、阻止の随伴性の二つの弱化で再考することが間違いを起こさないコツである。ジタバタするという行動が減った結果、じっとしている状態になったのだ。私語をし続ける行動がなくなった結果、静かにしている状態になったのだ。状態と行動は違う。どのような微妙な行動であろうと、複雑そうな行動であろうと、分析対象となる行動は例外なく死人テストをクリアしている必要があり、行動随伴性で記述していくことがグッドサイエンスであり続ける秘《ひ》訣《けつ》だろう。阻止の随伴性の枠組みを使うことによって、行動の原因を内的モデルで説明する流れを“阻止”したいものである。

4. 阻止の随伴性に伴うリスク

第２章の基本随伴性については、53ページの表２-１にまとめたが、同じように阻止の随伴性も表にまとめてみると次の表４-１のようになる。予防や貯蓄、投資や保険などの行動、悪あがきや度が過ぎる行動の制御などにも、こうした阻止の随伴性が働いていると考えられる。

	出現の阻止	消失の阻止
好 子	弱 化	強 化
嫌 子	強 化	弱 化

表４-１　阻止の随伴性

杉山尚子氏らは、阻止の強化の特徴を次のようにまとめている。阻止の随伴性には、①われわれが注意を集中し続けるのに役立っている、②われわれのスムーズな運動機能を維持するのに貢献している、③課題に従事する行動を促進する、などの特徴がある。このように、人間の行動をより正確に理解するために、阻止の随伴性を考慮することは確かに有用なことである。

ただ、ここでもう少し考えてみよう。杉山氏らは、阻止の強化の「利点」を取り上げているのだが、実はこれによる日常生活上のマイナスな側面もある。長谷川芳典氏は、「楽しく始めたはずのものが、いつしか義務的になってしまう行動」や「現状維持でよしとする行動」に阻止の随伴性が関与していると指摘している。

それどころか、私はある種の精神疾患すら引き起こす要因となる可能性が、この阻止の随伴性にはあると考えている。具体例として、強迫性障害（Obsessive-Compulsive Disorder, OCD）について取り上げる。ここで一旦《いったん》、行動随伴性から離れて次節を読み進めていただき、最後に再び行動随伴性の枠組みでとらえ直してみたい。

5. 強迫性障害を形成するメカニズム

強迫性障害（OCD）は、強迫神経症と呼ばれていたこともあるが、不安障害の一つとされている。たとえば、手を洗うことをやめられない、玄関の鍵やガス栓を閉めたかどうか何度も確認する、ほんのわずかな失敗によって大ごとになるのではないかと考え続けて不安になるなどの症状が強い場合、OCDと診断されることがある。ちなみに、この原稿を書いている私自身、軽度のOCDであろうと思っている。しかし、細かすぎるほどの確認行動は、自分の仕事にうまく役立てられているので、ありのまま受け入れている。

さて、このOCDに見られる不安と強迫行為のプロセスだが、およそ次ページのような図4-7で説明されることが一般的である。たとえば、「公衆トイレのドアの取っ手を触る」ことが先行刺激であり、強迫観念として「大腸菌が自分の手に付着した」と考えてしまうと不安になり、念入りに手を洗うという強迫行為をしてしまう。すると、一時的に不安が下がる。しかし、もしこの強迫行為をするのをやめると不安を感じてしまう。そして、また同じような場面（トイレのドアを触るなど）で不安が高まり、結局、手を洗わずにはいられなくなる。こうした悪循環を繰り返すことで、「大腸菌が自分の手に付着した」という強迫観念はますます強くなるのである。さらに厄介なことに、強迫

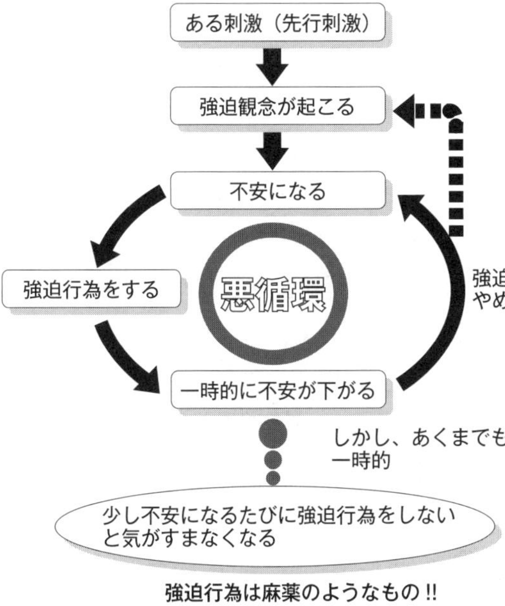
ある刺激（先行刺激）
強迫観念が起こる
不安になる
強迫行為をする
悪循環
一時的に不安が下がる
強迫行為を
やめると
しかし、あくまでも
一時的
少し不安になるたびに強迫行為をしない
と気がすまなくなる
強迫行為は麻薬のようなもの!!

図4−7　強迫行為が繰り返され強迫観念を強めるメカニズム
（『強迫性障害の治療ガイド』飯倉康郎、二瓶社、1999）

観念は容易に拡大していく特徴がある。「大腸菌は自分の手を経由してテーブルにも付着している」「服にも」となる。

OCDは決して珍しい障害ではない。人口の2～3%くらいの有病率であるとされている。職場の同僚や上司などにも、本人には自覚がないかもしれないが、

OCDと診断されてもおかしくない人は、これまでもそれなりに出会ってきた。ありがたいことにOCDについてはすでに明確な治療法が確立されている。それは、エクスポージャーと呼ばれる技法だ。あまり聞き慣れないカタカナ語かもしれないが、無理矢理に日本語にすると「曝露《ばくろ》」という言葉になってしまう。「秘密話を暴露する」の「暴露」ではなく、「曝露」である。「さらされる」という意味である。

読者の多くは、何とも言えぬ不安を訴えてきたクライアントに、セラピストがどのように対処するかを想像するとき、その不安を取り除いてあげるのを目指すべきだと考えるだろう。そのために、不安を引き起こしている刺激が特定できるのであれば、その刺激を取り除いてあげればよいと考えるのではないだろうか。実際、心理学を学びに来た学生たちに聞いてみると、やはりほとんどの学生がそのような素朴なイメージを持っているということがわかる。

不安を引き起こす刺激を与え続ける

しかし、エクスポージャーはそんな世間一般のイメージとは真逆と言ってよいだろう。もちろん、目指すところは通常の社会生活を取り戻すために「何とも言えぬ不安」をどうにかして処理することで、そこは同じと言えるかもしれない。ただし、手段が違う。エクスポージャーでは、不安を引き起こす刺激をクライアントに提示し続けるのである。クライアント側からすると、不安を引き起こす刺激に「さらされ続ける」ということになる。先ほどの例で言えば、公衆トイレのドアを何度も繰り返し触るという方法である。クライアントの多くは、このエクスポージャーによる治療の説明を聞いたとき、嫌悪感を表明するものである。苦手だからこれまでずっと逃げてきたのに、その苦手から逃げてはいけない、むしろ、その苦手に触れまくろう。このようにセラピストや医師に提案されると、当然だがその治療を拒否する人もいる。受けるか受けないかはクライアント次第。クライアントがエクスポージャーを受けると決意さえすれば、あとは不安を感じなくなるまで続けるだけである。

人間も含め動物は、ある種の感覚を強く引き起こす刺激にさらされ続けると、その刺激によって引き起こされる反射が次第に弱くなる。一般的な言葉で言えば「慣れる」ということになる。専門用語では、「馴化《じゅんか》」と呼ばれるが、同じく「馴《な》れる」という意味だ。日常例を挙げてみよう。知人の家に昼食に招かれて訪問したときに、こんな経験をしたことはないだろうか。

何か臭いがする。あまり好きな臭いではない。ナフタリン（防虫剤）の臭いだろうか。こんな強烈な臭いの家で生活しているなんて、この人、どうかしてるんじゃないか？　こんなところで、今日、一緒にお昼ご飯を食べるのか。こんなに臭いがひどい中で。

などなど、知人の家のリビングに入ってしばらく心の中で考えていたが、他愛もない話から始まって友人らとの会話にいそしんだ。1時間ほど会話を楽しんだろうか。あなたは、昼食会で配るつもりでいた写真を持ってくるのを忘れているのに気づき、自宅まで取りに戻ることにした。その家を出て自宅に戻ったが、そのときは特段、何も感じなかった。しかし、また30分ほどして友人宅に戻ったときに、あなたはさっきの感覚を取り戻したことに気づく。玄関から入った瞬間のことだ。また心の中で、次のようなことをつぶやく。

あっ、この臭い。やっぱり臭うぞ。明らかに、この家は臭うって。でも、そう言えばさっきこの部屋でみんなと会話しているうちに気にならなくなっていたよな。そして、この家を出たときには何も感じなかった。一度、外に出てしばらくして戻ってきたから、やっぱり臭う感じがするのかな。

またしばらくはこの家の臭いを感じつつ、友人らと歓談しているうちに昼食の時間を迎え、臭いのことは感じることなく食事をいただくことができた。

刺激を自動的にシャットアウトする

このような体験をそのまま経験したことがなくても、似たような経験をしたことはあるのではないだろうか。たとえば、自宅前で道路工事が始まった直後には耳をつんざくような騒音で嫌悪感を大きく覚えていたのだが、それが1、2時間続くと、嫌は嫌かもしれないが、最初の嫌悪感を［100］とするならば、2時間後には［50］とか、それ以下になっているのに気づくかもしれない。初めて米軍基地のジェット機が離陸する空路の下に住んでいるお宅を訪問したとき、ジェットエンジンの轟音《ごうおん》を［100］に感じたのだが、30分ほどすると「うるさいねえ」と言いつつ、［100］ほどの嫌悪感ではなくなっている。好きになれない感覚も、それを引き起こす刺激にさらされ続けると、なぜか慣れてしまうということがあるのだ。人間や動物の脳は、そうやって“too much”な刺激を「これ以上は受け付けませんよ」と自動的にシャットアウトして身を守るようにできているようだ。（余談だが、ここで脳のことについて言及しているが、行動の原因として述べているのではない。「馴れる」ことは行動ではない。結果である。脳機能を行動の原因としてとらえるのではなく、あくまで状態と考えたほうがよかろう）

6. 阻止の強化による強迫性障害

行動分析学の教科書と言える図書には、第2章で解説した四つの基本随伴性について、用語の違いはあっても必ず解説されている。しかし、本章で解説した四つの阻止の随伴性について解説した書籍は少ない。杉山・島宗・佐藤・R. W. マロット・M. E. マロット各氏による『行動分析学入門』（産業図書）が、日本では初めてであろう。実は「日本で初めて」ではなく、杉山尚子氏ご本人に伺ってみたところ、マロット氏らの原著では阻止の随伴性はまだ二つにしか分けられておらず、基本随伴性の四つと同じように、阻止の随伴性も四つに分類・整理されたのは、上記の書籍が「世界初」のようである。

ただ、この杉山氏らの書籍では阻止の強化の利点のみを取り上げているのだが、私はその特徴をコインの裏表のようにとらえ直し、学会のOCDを専門とする医師が主催する研究会や学会大会などで発表してきた。すなわち、阻止の随伴性は、①われわれが注意を集中し続けてそれを止められない、②われわれの運動機能を儀式的に維持する、③強迫行為に従事する行動を促進する、などの特徴も持っている。B・F・スキナー博士は、数多くの実験研究を通して、「過剰に活発な行動」というのがあると述べている。つまり、OCDの患者が持つ症状（不潔強迫、確認、疑念、儀式など）とセットになっている強迫行為は、「過剰に活発な行動」と見ることもできるだろう。治療者や支援者は、ついつい患者の生理的な状態や症状（恐怖や不安の訴えなど）に注目しがちなのだが、強迫行為そのものを行動随伴性から明らかにしたほうが生産的である。

強迫行為のいくつかを、行動随伴性の図式に当てはめてみよう。

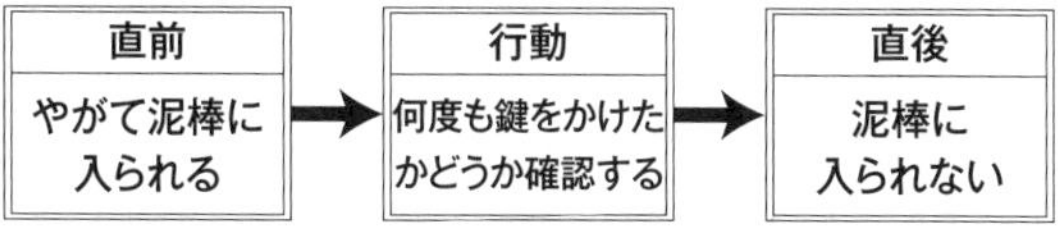
直前
やがて泥棒に入られる
行動
何度も鍵をかけたかどうか確認する
直後
泥棒に入られない

図4-8　鍵をかけたかどうか確認する強迫行為が強化される随伴性

前ページの図4−8のように、鍵をかけたかどうか何度もドアノブを回して確認する強迫行為について、不安の低減などの心的モデルを使用しなくても、行動分析学のシンプルな行動随伴性でとらえることができる。もちろん、この行動は他にも鍵のかかったドアノブや「よし！（鍵がかかったので泥棒には入られないだろう）」などの好子が直後に得られ、不安などの嫌子が直後に消失するものなので、基本随伴性のいくつかも同時に行動に影響を及ぼしているだろう。

他にも、図4−9や図4−10をご覧いただきたい。

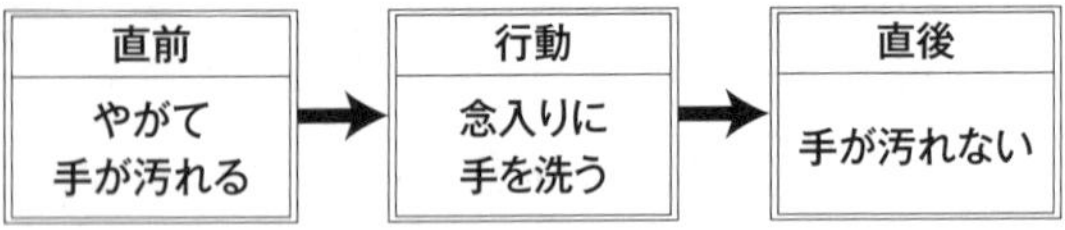
直前
やがて
手が汚れる
行動
念入りに
手を洗う
直後
手が汚れない

図4−9　汚れを落とす強迫行為が強化される随伴性

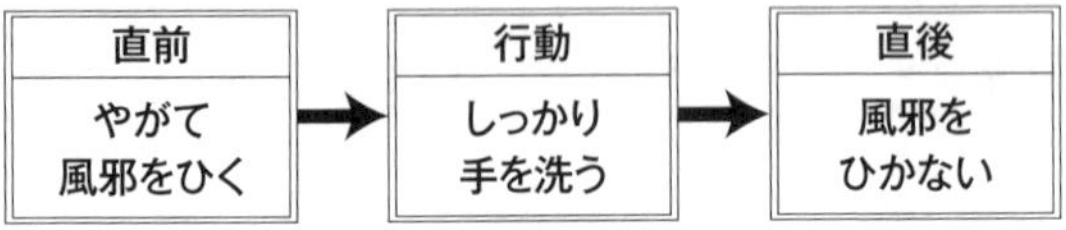
直前
やがて
風邪をひく
行動
しっかり
手を洗う
直後
風邪を
ひかない

図4−10　風邪をひかないための手洗い行為が強化される随伴性

これらは、嫌子出現阻止の強化であることにお気づきいただけただろうか。この病理メカニズムを日本行動療法学会や認知行動療法関係の研究会で私が初めて発表したとき、行動分析学を学んだことのある若手や中堅の諸氏は「なるほど」と納得してくれたが、従来のレスポンデント行動の病理モデル（強迫行為をすれば一時的に不安が低減される）で何十年も取り組んでこられた会員には、あまりピンと来なかったようである。先述のように、阻止の随伴性を解説した書籍がほとんどなかったこと、その書籍でさえ阻止の強化の利点しか紹介されていなかったことを思えば、これは仕方のないことであろう。治療や指導の方向づけのために、この阻止の随伴性による行動病理モデルがもっと活用されてもよいだろう。

7. エクスポージャーを行動分析学でとらえ直す

先に述べた、エクスポージャーという治療法は、本当に魅力的な方法だ。本書の読者にも、ぜひ保険会社などの第三者機関が有効と認めているこの方法を知っておいていただきたい。一般の人のほとんどが、心理療法というとカウンセリングというイメージを強く持っているから、ここでしっかり強調しておきたい。心理学系の大学に進学してくる高校生も、カウンセリングという言葉は当然のごとく知っているが、エクスポージャーという用語を知っているという学生に出会うことは、まずない。

手に汚れが付いているということを心配している患者に、病院のトイレのドアノブを繰り返し触ってもらうという発想が面白い。いきなりトイレのドアノブに触ることを「無理です」と拒否されたら、「それでは、院長室のドアノブならどうですか？」などと、まじめに患者と話し合う構図は、不謹慎に聞こえるかもしれないが、あたかもコントのように見えるほど微笑《ほほえ》ましい。

それでは、エクスポージャーの手続きを行動随伴性で図示してみよう。112ページの図４－９の念入りに手を洗う事例の場合、次のようになる。

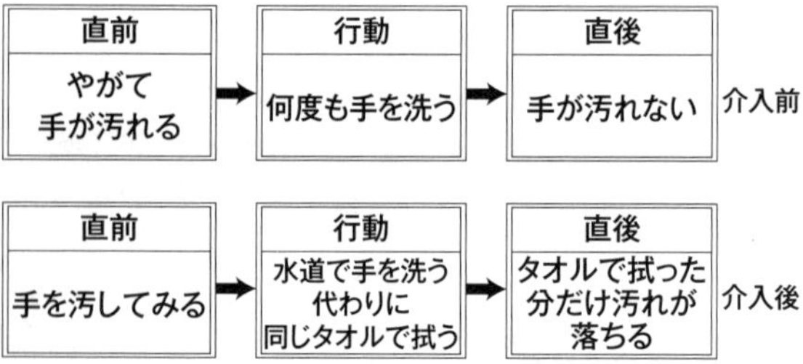
直前
やがて
手が汚れる
行動
何度も手を洗う
直後
手が汚れない
介入前
直前
手を汚してみる
行動
水道で手を洗う
代わりに
同じタオルで拭う
直後
タオルで拭った
分だけ汚れが
落ちる
介入後

図４－11　手の汚れに対するエクスポージャー
（上段は介入前の日常、下段がエクスポージャーによる介入の例）

日常の行動随伴性は、図4-11の上段に示した阻止の随伴性によって、何度も手を洗う行動が強化されていた。エクスポージャーは下段。今までは、行動の直前は「やがて手が汚れる」というルールであったが、汚れの実態は特にないことに注目していただきたい。それに対し、エクスポージャーでは実際に汚れたものを触るというのが一つ目のポイントである。ここでのエクスポージャーの行動随伴性は、基本随伴性（第2章参照）の中の「嫌子消失の強化」を想定してみた。もちろん、他にも同時にいろいろな行動随伴性があるであろう。二つ目のポイントは、行動を少し変えてもらうことである。「反応妨害」と呼ばれているが、要するに何度も念入りに繰り返し手を洗うという強迫行為をやめさせるのだ。ただし、行動をやめることを目標にするのでは、死人テスト（第2章参照）に引っかかる。つまり、死人でもできるから行動ではない。したがって、本当は今までやっていたように水道水で何度も手を洗いたいのだが、この患者には同じタオル（毎回新しいタオルではない）で1回だけ拭《ぬぐ》う程度にしてもらう。別の行動を促すということだ。

手の汚れに対する介入の流れをまとめると、本当は触りたくないが許容できる範囲のものを触ってもらい

（エクスポージャー）、本当はすぐに手を洗いたいけれども手を洗う代わりに同じタオルで拭う（反応妨害）。三つ目のポイントは、このような行動随伴性を繰り返し行うことが、先に述べた「馴化」を生じさせることにつながるという点だ。

嫌子出現阻止の強化では、行動の直前に手に取ることのできる嫌子はない。嫌な感覚や「まだ汚れている」という思い込みがあるのだろうが、こうした感覚や思い込みは手に取ることのできないものである。「しっかり洗えば汚れは落ちる」というルールは、頭で考えたり口に出したりすることはできるが、手で触れることはできない。一方、嫌子消失の強化では、行動の直前に嫌子が明確にある。一般的なカウンセリングでは患者の内的な感覚や限りなく広がる思い込みに長く付き合うことになる。一方、エクスポージャーでは現実的な事物の扱い方を身につけてもらうので、他の方法よりも効果的ということなのだろう。

不安を減らそうとしてはいけない

エクスポージャーを実施した事例を一つ紹介しよう。嘔吐《おうと》するかもしれないという不安のために外出できなくなったと訴えて精神科外来へ母親に連れてこられた男性に、私たちはどのような介入を行ったか。それは、不安を取り除こうとするものではない。そして、必ずしも嘔吐しているわけではないという事実を、正しく受け入れさせようとするものでもない。私たちが推奨したのは、とにかく外出をさせて、そこで食事するように促すことであった。今まで男性が避けていたことを、避けられないようにしたのである。エクスポージャーを用いたセッションでは、不安を測定するのではなく、食事量を測定してみた。食事量はグラムで測定できる客観的な行動の結果である。

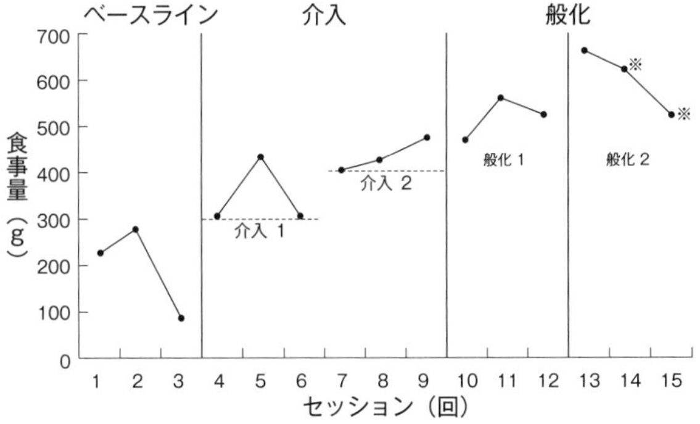

図 4-12　嘔吐不安患者の食事量の変化（仁藤・奥田、2010）
般化 2 の※印は完食したことを示す

図 4-12 のように、エクスポージャーによる介入後、

介入前（ベースライン）よりも高い水準で食事量が増加し、基準を上げてもさらに食事量は増加していった。同時に、クリニックのデイルームでの活動参加も可能となり、他の利用者のいるデイルームでも食事できるようになっただけでなく、初めての外食先でも完食できるようになった。この男性は、治療の最終段階で「この治療はうまくいっている」と述べ、エクスポージャーの成果を実感していた。

119ページの図4-13は、この男性の介入前後の行動随伴性を並べたものである。上段は、介入前の日常の様子である。「やがて人前で吐いてしまうだろう」という患者自身のルールに基づく不安が直前にあり、人目を避けて食事をすることによって人前で吐かずに済むという、嫌子出現阻止の強化を想定したものである。下段は、エクスポージャーを行った結果である。人前で食事をしてみても実際に吐くことはなかったので、これは「回復の原理（第3章参照）」が考えられる。弱化されていた行動は、これで元のレベルまで回復する。さらに、セラピストらによって「結構、食べられたじゃないですか！　なかなかやりますね!!」と賞賛されることは、好子出現の強化となった可能性もある。阻止の随伴性で強化・維持されていた回避行動をさせず、直接的な随伴性（基本随伴性）によって望ましい行動を奨励し続けることで、望ましい行動ばかりが強化・維持されるようになった。

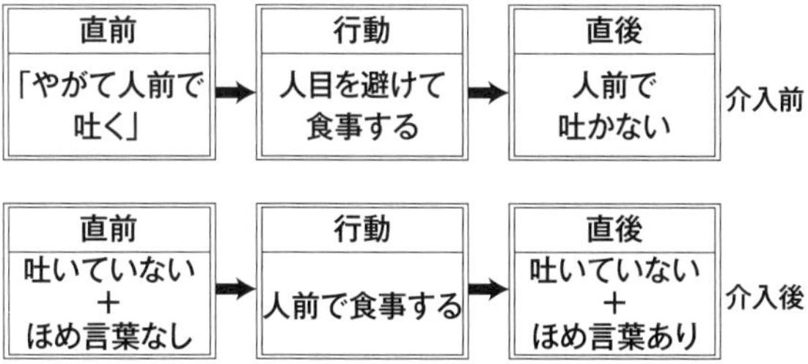
直前
「やがて人前で吐く」
行動
人目を避けて食事する
直後
人前で吐かない
介入前
直前
吐いていない
＋
ほめ言葉なし
行動
人前で食事する
直後
吐いていない
＋
ほめ言葉あり
介入後

図 4−13　人前で食事をすることに対するエクスポージャー

実態のよくわからない不安に焦点を当てるよりも、避けてきた活動の遂行や行動の結果に目を向けて現実的な取り組みをしたほうが、よほど少ない回数で治療を終えることができるだろう。不安についてはそれを「下げよう」と考えるのではなく、不安を感じる状況から逃げずに別の活動をし続けることで、それが結果として「下がる」ものと考えたほうがよい。私たちは、偶然うまくいった事例を紹介しているのではない。エクスポージャーによる介入は、すでに世界中でその科学的根拠が確立されている。不安障害や恐怖症は治るのだ。傾聴中心のカウンセリングではどのように扱えばよいのかよくわからなかった不安や恐怖が、行動の法則を正しく使うことによって大幅に改善されることは明らかである。

誇張した言い方を許していただけるならば、人間は不安になったときに「言葉であれこれ哲学する」よりも、不安でもあえてこれまでの生活を続けるほうが健康的に生きられるのかもしれない。不安の場面からは逃げたり避けたりしたいものだが、不安の場面からいつも逃げてばかりいると、それなりに大きな代償を払わなければならない。それは、人間一人の人生を大きく変えてしまうほどの代償であると実感している。
「言葉であれこれ哲学する」と言ったが、行動分析学では言語（話し言葉だけでなく、思考や推論など）も行動として扱う。B・F・スキナー博士はそれを言語行動（verbal behavior）と呼んでいる。近年では、ここで言う「言葉であれこれ」の問題について、臨床行動分析に注目が集まり、行動分析学の実践が広がりつつある。

第５章　行動は見た目よりも機能が大事

「人は見た目でわかるもの」という言い方もあれば、「人は見かけによらぬもの」という言い方もある。いずれが正しいかなど馬鹿らしい話だ。第一印象の悪かった人の悪い行動を見れば前者のように叙述し、第一印象が悪かったのに意外と良い行動を見てしまえば後者のように叙述する確率が高くなるだけのことだ。結果論にもなれば循環論にもなる。ワインも見た目が大事だと言う人もいれば、見た目は良くないが最高級のワインと言いたがる人もいるように、こうした格言のような言い回しは、あくまで格言にすぎない（この文章こそ、格言そのものだ）。本題に戻そう。

それでは、行動についてはどうだろうか。行動については、見た目は大事ではない。これは私個人の意見や好みではない。行動分析学の基本は、どんな行動か（What）というよりも、その行動はどのように機能するか（How）という見方をするからである。

1. 行動の機能は四つしかない

「機能」という言葉だが、これは「どのような働きをしているか」という意味である。対照的な言葉としては、「形態」という言葉がある。形態は、歯車で言えばその大きさや形や色である。機能は、その歯車がどのような働きをしているかである。

行動を正しくとらえるとき、その行動の形態よりも機能を重視することがきわめて重要なことであり、これが応用行動分析学（学校臨床や教育のみならず、社会問題全体への行動分析学の応用）の基本姿勢となっている。

行動の機能は、たった４種類しかないので覚えていただきたい。

・物や活動が得られる

その行動の結果、特定の事物や活動など、触れられる好子《こうし》を得ることができる。たとえば夏休み、子どもが遊びから家に帰ってきて、「ただいま」と言った後に、母親に「のどが渇いた」と言う場合。

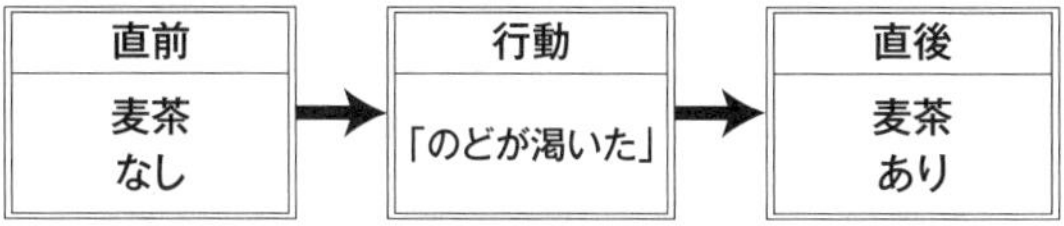

図５−１　物や活動の機能による行動の例

・注目が得られる

その行動の結果、他者からの注目など、手に取ることはできないような社会的な好子を得ることができる。たとえば母親が弟ばかりを相手にしていて、こっちをなかなか注目してもらえない姉が、母親にこんなことを言う場合。

直前
注目
なし
行動
「ねえ」
直後
注目
あり

図5−2　注目の機能による行動の例

• 逃避・回避できる

その行動の結果、その場にある嫌子《けんし》から逃れることができる、または嫌子の生じそうな場面を回避することができる。たとえば両親の手伝いをかれこれ2時間ほどしていて、疲れた兄が、母親にこんなことを言う場合。

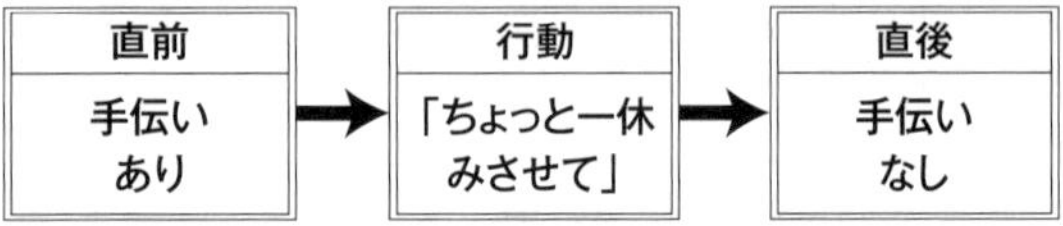
直前
手伝い
あり
行動
「ちょっと一休
みさせて」
直後
手伝い
なし

図5−3　逃避･回避の機能による行動の例

・感覚が得られる

その行動の結果、特定の感覚的な好子を得ることができる。たとえば誰もいない部屋で、ふと気づいたら独り言で早口言葉を言っていた場合。

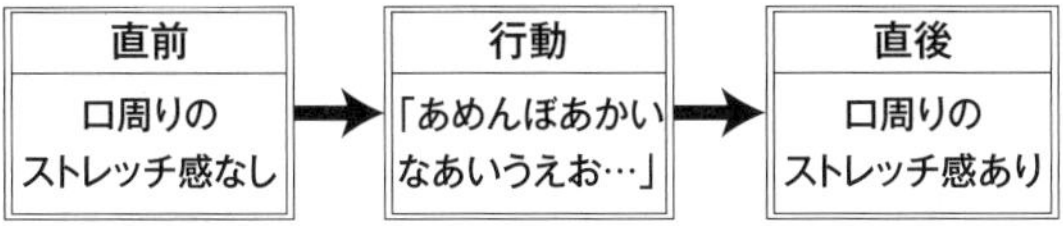
直前
口周りの
ストレッチ感なし
行動
「あめんぼあかい
なあいうえお…」
直後
口周りの
ストレッチ感あり

図5-4　感覚の機能による行動の例

図5-1から図5-4までの行動の例は、いずれも言語行動の場合としてみた。当然ながら、それぞれ別々の行動である。

なお、機能分析は言語行動に限らない。第2章で述べたような日常のあらゆるオペラント行動（行動の後に続く結果により、将来の行動の増減が決まるもの）が、これらの四つの機能のうちのいずれかに当てはまる。

2. 同じ行動のように見えるが同じ行動ではない、という落とし穴

さて、さらに機能分析をよりよく知るために、もう一度、四つの機能を並べて見てみよう。今度は、四つ

まとめて図示する（図5−5）。「ペン回し」というのは、手指を使ってペンや鉛筆を連続的に回す遊びのことである。教壇に立つ立場の人にとっては、受講生にこれをやられると気になってしまうものである。赤とんぼと教師は、目の前でくるくる回るものに弱い。

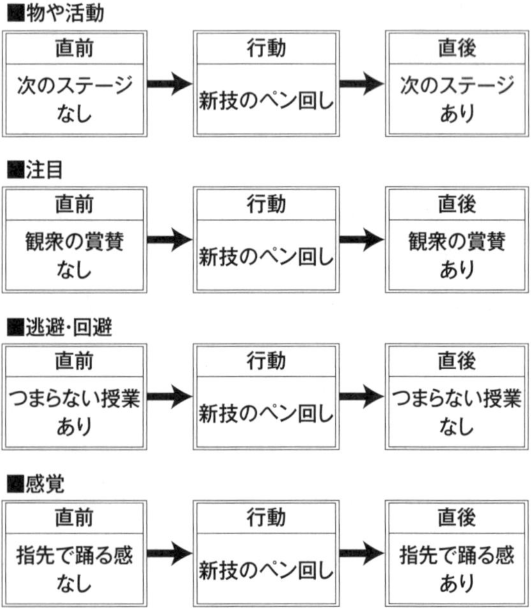
■物や活動
直前
次のステージなし
行動
新技のペン回し
直後
次のステージあり
■注目
直前
観衆の賞賛なし
行動
新技のペン回し
直後
観衆の賞賛あり
■逃避・回避
直前
つまらない授業あり
行動
新技のペン回し
直後
つまらない授業なし
■感覚
直前
指先で踊る感なし
行動
新技のペン回し
直後
指先で踊る感あり

図5−5　新技のペン回しをする行動の機能分析

図5−5を見ると、今度は「すべて同じ行動ではな

いか」と思われるかもしれない。しかし、行動分析学ではこの図5－5の四つの行動も、それぞれまったく別の行動と考える。確かに、行動随伴性の真ん中の部分（つまり行動）は四つとも同じである。このように、行動随伴性の一部だけを見た場合、形態が同じかどうかしかわからない。ペン回し行動の形態は同じかもしれないが、機能が同じかどうかを確かめるために行動随伴性をトータルで見る必要があるのだ。

そうすると、形態は同じペン回しでも、次のステージ（難度の高い技）に進むために取り組むペン回しは、物や活動の機能という側面があるし、その場にいる仲間から拍手喝采《かつさい》を受けることが好子になっているのなら注目の機能かもしれないし、退屈なので叱《しか》られてでも授業を中断させようとする不届きなペン回しは、逃避の機能かもしれない。あるいは、いずれでもなく自己完結的にペン回しをして指先の感覚を楽しんでいる感覚の機能かもしれない。

そういうわけで、図5－5の四つの行動は、まったくそれぞれ別の行動であるとしなければならない。行動分析学では、行動随伴性の三つのボックスを一つのまとまりとして行動の１単位とする。食パン２枚でカツを挟むと、カツサンドである。食パンがなければ、それはカツだけにすぎない。カツだけだと、そのまま夕食のトンカツになるのか、バンズに挟まれてカツバーガーに出世するのか、行く末がわからない。オペラント行動は、必ず行動随伴性の枠組みでとらえるようにしなければならない。

機能の重複

行動の機能は、この四つだけなのだが、機能が複合している場合がある。日常生活上では、ほとんどの行動が複合した機能を持つものと考えてよいだろう。たとえば、クリニックにやってきたあるパチンコ依存症の会社員は、「家にいるとカミさんと子どもがうるさいから現実逃避ですね」と言っていた。そこで、「なぜパチンコなのか、ゲームセンターではだめなのですか？」と聞くと、「やっぱり、ギャンブルでたまに小遣いになるというのが正直なところです」とか、「感覚的なものもあるかなぁ、まあ刺激的な遊びです」とも言う。こうしたやりとりから、この会社員のパチンコにいそしむ行動は、逃避・回避の機能だけでなく、物や活動、感覚の機能もあると推定できる。もし、「パチンコをやる人は、現実逃避が原因になっているのだろう」というように、単一の機能しか想定しなかったら、夫婦関係や親子関係を修復しましょうという提案しかできないかもしれない。たとえ、人間関係をクリニックでの助言一つで修復できたとしても、すぐにまたうまくいかなくなると、習慣となっていたパチンコ通いがまた始まるだろう（そもそも、人間関係なるものを助言一つで修復できることはめったになく、かなり時間がかかる場合が多い）。物や活動、感覚の機能をも想定した、まったく新しい提案を行い、新しい習慣を作ることのほうが、より解決に近づくものである。

いわゆる「困った行動」について解決を試みる際、この機能分析は本当に役立つものである。

3. 家庭での問題から（不登校の連鎖、そして回復へ）

少し、臨床事例から発展的に考えてみよう。不登校やひきこもりの問題は、先進国の日本において相当深刻な悩みのタネであろう。教育学者や社会学者の中には、「閉塞感のある社会」「管理教育の悪影響」などと真顔で解説する人がいる。本書の読者は、そろそろこうした解説がただの循環論にすぎないものと見抜いているのではないだろうか。何もできない学者や医師が、

「何もやらなくてよい（社会が悪いから）」と言うせいで、当事者の多くはその耳への甘い言葉に騙《だま》されてしまって、本当に何もやらない。医師や心理士の中には、「子どもの甘えを全面的に受容すべきです」と言う人もいて、これらの無責任な助言のせいで子どもの召使いのようになっている親や祖父母と数多く出会ってきた。機能分析など、まったく無視されている。学校に行くことを強く拒否する行動、部屋にこもって過ごす行動などを、「不登校」「ひきこもり状態」とレッテルを貼って好き勝手な解釈をするばかりで、一つひとつの行動を行動随伴性で見ようとしない。

私たちの業界では、「２打数１安打」とか「３打数３安打」などと表現することがあるのだが、野球の場合と逆の価値観である。「２打数１安打」とは二人きょうだいのうちの一人が不登校、「３打数３安打」とは三人きょうだい全員が不登校という意味だ。不謹慎に思われるかもしれないが、あまりにも不登校の子どもが放置されて悪化しているのを見かねて、あえてこれくらいの表現をしているのだ。

不登校三きょうだい

それでは、私のところに相談に来た「３打数３安打」の母親に、どのような支援を行ったか紹介しよう。母親の話によると、最初は一番上の兄イチロウが登校しぶりから連続不登校になったということだった。その時点では、まだ下の子ども二人は元気に学校に登校できていた。小学4年生になるイチロウの登校しぶりが1、2か月続いてしまって欠席も増加したので、母親は近隣の心療内科を受診した。そこの医師は「親子関係の安定が必要です」と助言した。そのことを、小学校に来ていたスクールカウンセラーに報告すると、スクールカウンセラーも「その通りでしょうから、イチロウくんの欲求をしっかり受け止めてあげるほうが良いと思います」と助言した。それ以降、イチロウの登校しぶりは激しくなり、小学校5年生になった頃には母親が連れて行くこともできなくなって、連続不登校に陥ってしまった。

学校に行かないというのは死人テスト（第2章参照）に引っかかるので、行動ではない。だから、学校に行かず、どのように家で過ごしているのかを調べなければならない。イチロウは、遅いときは朝10時過ぎに起きてきて、少しジュースを飲む。しばらくすると、部屋に戻ってマンガを読み始める。母親が「マンガはだめでしょう！」と注意すると、暴言を吐く。暴言を吐くと、母親はカウンセラーと医師の言葉を思い出し、それ以上は何も言わずに引き下がる。また、しばらくすると携帯ゲームで遊び始める。お昼前になって、母親は「部屋でゲームばかりさせるよりマシかな」と思って、スーパーへ買い物に行くのに付き合うようイチロウに声をかけてみた。すると、面倒くさそうだがイチロウは駐車場まで出て車に乗り込み、母親の買い物に付き合ってくれた。買い物を終えると、イチロウは「お昼ご飯はハンバーガーがいい！」と言い出して、バーガーショップの前で立ち止まった。母親は、イチロウの提案に従って、バーガーショップに二人で入ったのであった。

このような理由で、不登校の子どもの要求に大人が従うというケースは、不登校の問題をまったく見たことがない人には想像もつかないかもしれないが、よくあることなのだ。平日の昼間、スーパーに行くと、小学生くらいの子どもと親（祖父母）が併設されたファミリーレストランなどで食事しているのを見かけることがある。小学校の創立記念日で、たまたま平日が休みなのだろうとは思えないほど、しばしば出くわす。平日の昼間なので、不登校児である可能性が高い。

不登校を支える行動随伴性

そろそろ、イチロウの行動随伴性のいくつかを見てみよう。

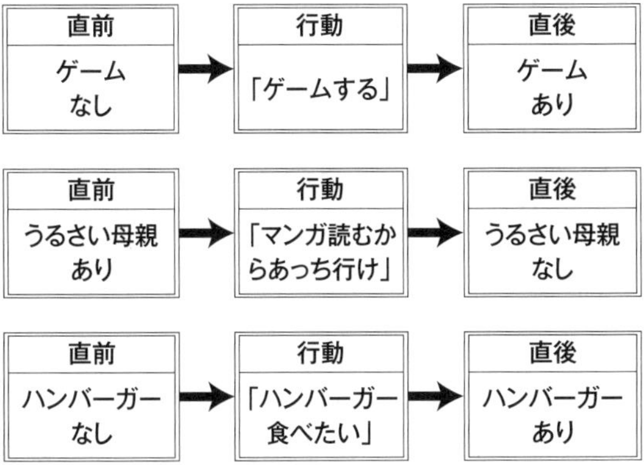
直前
ゲーム
なし
行動
「ゲームする」
直後
ゲーム
あり
直前
うるさい母親
あり
行動
「マンガ読むから
あっち行け」
直後
うるさい母親
なし
直前
ハンバーガー
なし
行動
「ハンバーガー
食べたい」
直後
ハンバーガー
あり

図5-6　イチロウの行動随伴性の例

図5-6だけでも、好子出現の強化や嫌子消失の強化など、学校に行かずに家庭で過ごす行動を強化するには十分のようである。一方で、学校に行って教室で過ごす行動は弱化されるのであるから（勉強が面白くない、クラスメイトに気になる嫌なやつがいる、給食が好物ではないなど）、イチロウの問題はこのままの様子見

だけでは改善の見込みはない。

それどころか、イチロウの母親はとうとう「3打数3安打」への道を歩み始めてしまった。ある日、バーガーショップでのランチから帰ったとき、元気に通学していた小学3年生の弟ジロウ、小学1年生の妹ミナが、兄の行動の痕跡《こんせき》に気がついてしまった。それは、バーガーショップでもらった景品なのか、フライドポテトのフレーバーだったのかはわからない。しかし、弟と妹は「お兄ちゃん、●●バーガー行ってきたでしょ」と、名探偵のように指摘した。すると、イチロウは簡単に「そうだけど、何か」と自白してしまった。元気に学校に行っている下の二人は、口をそろえて「お兄ちゃんだけ、ずるい！」と言った。この家庭は、このように元気に学校に通っている子どもが、家でのんびり過ごしている人に対して「ずるい」と言わせてしまう環境なのである。本来なら、学校に通えることが「うらやましい」、家で過ごさなければならないのは「かわいそう」とならないといけないのに、この家庭ではその逆になってしまっている。

その後、ジロウもミナも「しんどい」などと言うことが増え始め、登校しぶりが始まるようになり、たった1年で「3打数3安打」、きょうだい三人そろって不登校となってしまったのである。バーガーショップ大繁盛である。それでも、スクールカウンセラーも医師もフリースクールも、「どの子に対しても、分け隔てなく受け止めてあげて」としか言わなかった。

学校に行かない兄は「かわいそう」

こうした状況で、母親は私のところに相談に来たのである。私が一通り、家での三人の過ごし方を母親から詳しく聞き取ると、それらをすべて行動随伴性で示してみた。「なるべくして、不登校になった」「それでは学校に行かずに家で過ごすのも当然のこと」という説明は、母親には厳しいものかもしれないが、この理性的な母親は「今まで、そのような説明をして下さった専門家はいません」と感想を述べた。私は、こうした感想はもう何度も聞いていることなので、いかに世間には行動分析学とは真逆の、循環論に満ちた解釈や説明、あるいは「その場限りの慰め」が横行しているのかと思ってしまう。

さて、私がこの母親にまず提案したのは以下のことだ。

• 下の二人はまだ学校に行く日もあるので、学校に行

けた日（遅刻せず早退もない日）には、大きなカレンダーにそれぞれの子ども専用のシールを、記録代わりに本人に貼らせること

- 次回、そのカレンダーを持参すること
- １週間の過ごし方を表にして持参すること

３週間後、母親は上記のことをすべて実施して、記録を持って来所した。それらの記録に基づいて、無理のない目標設定をそれぞれの子どもに立てて、来週以降、目標達成（行動の結果）に応じて、週末の母親との過ごし方を変えることを提案した。目標は、ジロウとミナは週４日以上学校に行けたら、週末に母親とファミリーレストランかバーガーショップ。イチロウは週１日、保健室登校でもできれば母親とファミリーレストランかバーガーショップ。こんな提案すら、母親にとって最初は驚きだったようだ。私と出会うまでは「きょうだい、分け隔てなく」などと言われていたのに、私から初めて「行動の結果に応じて、きょうだいに歴然とした差をつけること」「目標はそれぞれの子どものスモールステップなので、きょうだい間で『ずるい』とか『甘い』などと言わせない」「ファミリーレストランやバーガーショップは、どんなことがあっ

ても普段は行かないこと」などと聞かされたからだろう。しかし、これが私の「行動の処方箋《しょほうせん》」だ。

母親は、子どもたちに来週からの方針を伝えて実行に移った。すると、ジロウとミナは1週目、いずれも目標をクリアした。予想通り、兄イチロウは不機嫌な1週間を過ごして、それまでと同じように学校には1日も行かなかった。大変なのはその週末である。母親は、イチロウだけを家に残して、ジロウとミナを連れてファミリーレストランに外食に出かけた。これまた私があらかじめ母親に伝えていた予想通り、イチロウは怒ったりすねたりしたが、母親は手応《てごた》えを感じることができた。学校を休んで好き勝手やっている兄のことを「ずるい」と不満に感じていた下の子二人が、学校に1日も行かない兄のことを「かわいそうだね」と言えるように変わったからである。母親からすれば、親の関わり方を変えてたった1週間で、不満が満足に、憎しみが哀れみに変わったことは、奇跡のように思えたに違いない。

2週目、イチロウは久しぶりに保健室登校ができたことも、母親の驚きを倍増させた。その週末、母親はようやく三人の子どもを連れてバーガーショップに行くことができた。

ジロウとミナは、１か月後には週５日、つまり１日も欠かさず学校に行くことを目標に切り上げることができたし、満足して元気よくまた登校できるようになった。兄イチロウについては、週１日だけ保健室登校することが３か月間安定した後、達成目標を週２日以上に切り上げた。そうこうしているうちに、学校でも仲の良い友達ができるようになり、週３日以上の目標に切り上げようとすると、「パーフェクトで行くよ！」とイチロウ自身が目標を上方修正した。逆に、母親が心配するほどの目標設定であったが、私は「まあ、それは今のイチロウくんには、もうできることなのかもしれませんね」と、ここでようやく本人の目標設定を尊重した。一度、本当に風邪をひいて学校に行けなかった日があり、その週末はイチロウだけ留守番という経験をしたが、こうして介入後、５か月ほどで毎日登校できるようになったのだ。また、クラスメイトや学校行事と部活の環境にも恵まれ、小学校６年生からは保健室登校していたことを忘れるくらい、通常の教室に入って授業を受けることができた。

“こころの中身”は不毛な議論

このようにして、この家庭の不登校「３打数３安打」の問題は見事に解消された。こうした事例は、たまたまうまくいったのではない。ここでは、イチロウの家のケースを紹介したが、同様のケースは枚挙にいとまがない。

行動分析学を用いた教育相談の成果は、このように劇的で即効性もあるため、同業者による批判はオカルトっぽくなっていくことがある。大学教員であろうと医師であろうと、次のような批判はまさにオカルトっぽい。よくあるそれらの批判のパターンは、「行動だけ変化しても“こころの中身”はどうなのかしら？」「学校に行くことが“本質的な解決”なの？」「“報酬で動かす”のは良くないことじゃない？」などといったものである。

“こころの中身”って何なのだろうか。行動分析家は、いわゆる“こころの中身”と呼ばれるものであろうと、それが死人にできない活動ならば、行動として取り扱っている。批判者の言う“こころの中身”なるものが循環論にならないようにと願う。“本質的な解決”とは何なのだろうか。学者であろうと一般的な人であろうと、どうしても受け入れたくないときに“本質的には”と言いたがるようだ。言っている本人が、“本質的”という言葉が何を指しているのかを具体的に言えないものである。“報酬で動かす”というのも、おかしな話だ。“動かす”というよりも、自発的に“動く”ように援助しているだけである。不登校のイチロウの場合ですら、自分自身でどのような行動をするか選択することができたのだ。学校に行かずに家にいてもよいが、その場合はファミリーレストランやバーガーショップに行く権利が得られない。世間一般で言われる「罰」（嫌子出現の弱化）を使って“動かした”のではない。条件だけを明確に定めて、あくまでもイチロウ本人の自由な意志によって“動く”ようにしたのだ。私たちも、海外旅行に行きたければ、旅費やホテル代などを自分自身で稼ぐしかない。海外旅行に行くか行かないか、行けるか行けないかは、すべて行動する本人次第なのだ。

4. ウソを簡単に見抜く方法

機能分析は本当に役立つ。先ほどのように、不登校・ひきこもりの子どもへの支援において、この機能分析を行ったか行っていないかは、あまりにも大きな差となって親子に影響を与えるだろう。

行動については、形態よりも機能を見ること。これが肝要だ。そうなってくると、「主張内容」よりも「言葉の機能」を見よう、と言うこともできるだろう。人付き合いでも子育てでも、あらゆる場面で「主張内容」を見るか「言葉の機能」を見るかで、結果は大きく変わってくる。

たとえば、「学校に行きたくない」と言い始めた子どもに、母親が「どうして行きたくないの？」と聞いたとする。子どもは何と答えるだろうか。そして、子どもが答えたことは、常に真実なのであろうか。ここでもまた、思い込みの激しいセンチメンタルな人は「子どもの主張は常に真実です」と言う場合が多い。もう少し冷静な人でも、さすがに目の前で泣きじゃくりながら「学校に行きたくないのは、仲間はずれにされたからだ」と主張する子どもを見ると、詳しく調べようとせずに100％信じ込む人が少なくない。子どもの主張だけを信じて、冷静に裏を取ろうとしないのは、行動の形態だけを見て判断する危うさと同じと言える。

そこで、機能分析である。

（1）学校を休むと家で遊べる（物や活動）

学校を休む理由を尋ねると「友達に意地悪された」「先生がえこひいきする」「おなかが痛い」などと子ど

もが主張しても、すぐに鵜呑《うの》みにしてはいけない。それは、学校を休むための口実なのかもしれない。かといって、子どもに「それはウソでしょう！」と詰問するのも、逆に面倒なことになるのでやめたほうがいい。そんなときこそ機能分析だ。学校を休んで、家でどんな過ごし方をしているのかを調べてみてほしい。

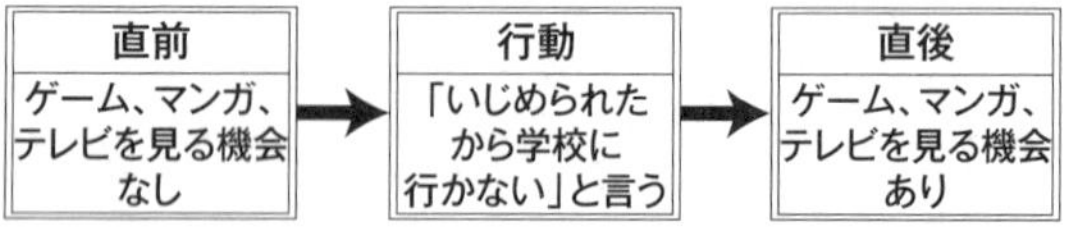
直前
ゲーム、マンガ、テレビを見る機会なし
行動
「いじめられたから学校に行かない」と言う
直後
ゲーム、マンガ、テレビを見る機会あり

図5–7　物や活動の機能の可能性

「いじめられたから学校に行かない」（図5–7）と子どもは言っているが、学校を休ませるとテレビゲーム、マンガやテレビ、パソコンなどで遊んでいるとするならば、「いじめられたから学校に行かない」と言うのは休むための口実である可能性がある。「おなかが痛い」と言うならば、自宅で好きなことをさせておくのではなく、病院に連れて行けばよい。子どもが、「お母さん、お父さんは仕事に行って」と言っても、それに従う必要はない。監督者がいなければ、こうした家庭のアミューズメントパーク状態は、ますます子どもの「自由なお城」になってしまうからだ。

それでは、どうすればよいか。自宅で自由にアクセスさせている好子をすべて親の管理下に置き、学校に行く行動の結果に応じて、少しずつ与えていくのだ。つまり、学校で過ごす行動が設定した目標をクリアしたときに、好子を与えるというプログラムである。目標はスモールステップでなければならない。

（2）母親と一緒にいられる（注目）

この場合も、学校を休む理由を尋ねると「友達に意地悪された」「先生がえこひいきする」「おなかが痛い」などと子どもが主張しても、すぐに鵜呑みにしてはいけない。これも、また学校を休んで自宅でどのように過ごしているのかを調べる必要がある。

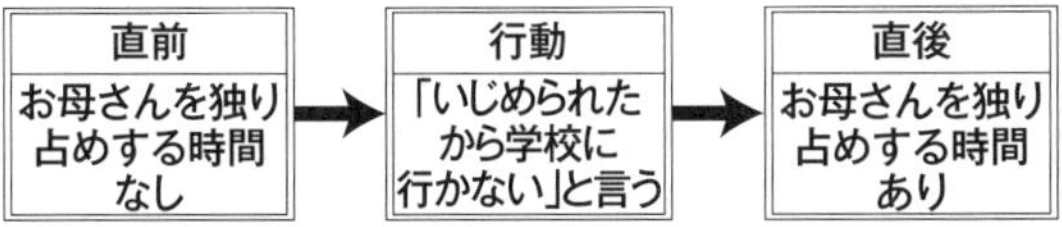
直前
お母さんを独り占めする時間なし
行動
「いじめられたから学校に行かない」と言う
直後
お母さんを独り占めする時間あり

図5-8　注目の機能の可能性

やはり「いじめられたから学校に行かない」（図5-8）と子どもは言っているが、学校を休ませると、やたらと母親の近くにいようとするのであれば、「いじめられたから学校に行かない」と言うのは休むための口実である可能性がある。こうした注目の機能がある場合、母親が叱ってもだめである。母親に叱られることすら、注目という社会的な好子となりうるからである。社会性の好子とは、相手のリアクション（うなずき、アイコンタクト、微笑、小言を言われるなど）全般で、好子としての機能を持つものである。

注目の機能が推定される場合、どうすればよいか。母親から得られる注目という好子を、学校に行く行動の結果に応じて、少しずつ与えていくべきである。少なくとも、午後３時までは母親との会話や接触は極力控えて、逆に午後３時以降はたくさん話を聞いてあげるとよい。望ましい行動を集積していけば、週末に母親と二人だけで出かけるなどとするのも効果的である。

（３）学校に嫌なことがある（逃避・回避）

学校を休む理由を尋ねると「友達に意地悪された」「先生がえこひいきする」「おなかが痛い」などと子どもが主張した場合、そうした主張をしっかりと聞いてあげる必要がある。頭ごなしに、子どもに「ウソでしょう」とか「がんばりなさいよ」と言わないほうがいい。他の機能のときと同じで、家でどんな過ごし方をしているのかを調べる必要がある。そして、学校でどんな状況なのかも冷静に情報を集める必要がある。

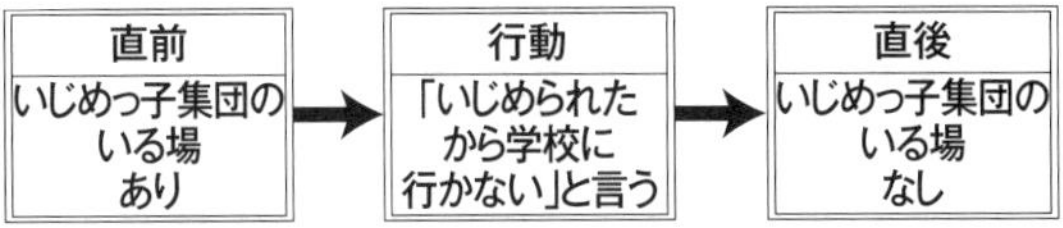
直前
いじめっ子集団のいる場あり
行動
「いじめられたから学校に行かない」と言う
直後
いじめっ子集団のいる場なし

図5−9　逃避・回避の機能の可能性

図5−9の行動随伴性は、嫌子消失の強化である。もし学校に行かせようとすると、学校に近づくにつれて緊張が高まり、不安や恐怖が強くなる。それで学校を休ませる条件として、自宅で安静に過ごすように求めて、ゲームやテレビ、母親との接触などを制限したとしても、あまり文句を言わない。こうした場合、逃避・回避の機能の可能性がある。

逃避・回避の機能が推定される場合、どうすればよいか。すぐに親が子どもを連れて、学校の先生と話をしに行くべきである。子どもが本来なら安心して行けるはずの学校に行けないほどの問題があるならば、そのことこそ異常だからである。子どもが「お母さんとお父さんは、学校に行かなくてもよい」と言われても、それに従う必要はない。親が出てくることによって、さらなるいじめが起こるという不安があるのであれば、そのような陰湿な問題を抱えている学校を放置することが大きな悲劇を生み出す。大人が介入するということは、それに伴う陰湿ないじめの可能性すら時間をかけて断ち切っていくということなのだ。

（4）機能が複合している場合、シフトしていく場合

不登校についても、いくつかの機能が複合している場合が少なくない。たとえば、苦手な教科や人間関係があるために登校を拒否したり早退したりする（逃避・回避）のに合わせて、自宅ではテレビゲームもあればパソコンでインターネットも使いたい放題、お昼前後には好きな芸人が出ているバラエティー番組を見ることができる（物や活動）、さらに学校を休むと弟や妹がいないので母親との会話を独占できる（注目）というケースもあるのだ。大変なことだが、こんがらがった糸をほどくような作業で、一つひとつの行動を機能分析に基づいて変えていく。

さらに、最初は他の機能だったのに、そのうちに別の機能に変わっていく、加わっていく場合がある。

確かに、最初はクラスメイトから仲間はずれにされたことを発端に、学校を早退し、それからずっと休むようになってしまった。すぐに取り組めばよかったのだが、家庭も学校もしばらく様子見をしてしまった。

そうすると、子どもは学校を休むという経験をしたことによって、「新しい発見」をするものだ。たとえば、意外とNHKのEテレというチャンネルでは、なぜだか学校に行くべき日中に、「小学３年理科」というような魅力的な番組をやっていたり、アニメ番組の再放送をやっていたり、父親の趣味で有料放送のチャンネルを見つけてしまったりするかもしれない。トイレに行きたいときに気兼ねなく行けるし、のどが渇いたらいつでも冷蔵庫から好きな飲み物を得ることもできる。これらも新しい発見と言えるだろう。学校ではできないことだからだ。早退しなければならないほどの仲間はずれにされて様子見（結局は放置）されたことは気の毒だったが、もう仲間はずれにされないような状況になっていても、学校に行きたがらない子どもは多い。逃避・回避の機能だったのが、物や活動の機能にシフトチェンジしてしまったからだ。しばらく休んでいたので、勉強や話題にもついて行けそうにない。さらなる逃避・回避の機能も加わってしまう可能性もある。大人はこうしたことまで見抜かなければならないのだ。次ページの図５−10は、上段が不登校の始まりの頃の機能で、中段・下段の二つがしばらく不登校を続けた結果、追加された機能だ。

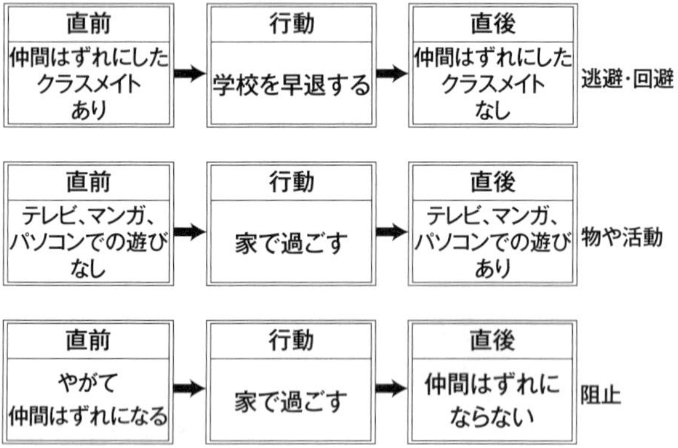
直前
仲間はずれにしたクラスメイトあり
行動
学校を早退する
直後
仲間はずれにしたクラスメイトなし
逃避・回避
直前
テレビ、マンガ、パソコンでの遊びなし
行動
家で過ごす
直後
テレビ、マンガ、パソコンでの遊びあり
物や活動
直前
やがて仲間はずれになる
行動
家で過ごす
直後
仲間はずれにならない
阻止

図５−10　不登校をしているうちに機能が変わったり追加されたりする

　このように考えると、やはり不登校・ひきこもりは早いうちに手を打ったほうがよい。「様子を見ましょう」などと悠長なことを言っているのは、無策で無責任な人だとしか思えない。

　一般の読者に向けてあえてわかりやすく私の経験則を表現するならば、１週間休ませると３か月、３か月休ませると３年というように、一旦《いつたん》、不登校の状態に陥ってしまうと、望ましい生活を作り上げるのは相当に困難な作業となる。それでも、その子どもなりのスモールステップを設定していくならば、すべての子どもの行動は必ず変化する。

5. てんびんの法則

ある行動をし続けている人（学習者）というのは正直なもので、環境次第でその人の行動は予想通りの変化をすると私は確信している。したがって、不登校の問題すら単純である。余談だが、どうも心理臨床を仕事にしている人は、行動の理由を複雑に考えたがる人が多いように思う。「不登校の問題すら単純」などと言おうものなら、およその場合、「人間の行動の深層を理解していない乱暴な考え方だ」と非難されてしまう。理解することが目的なのだから、行動を変えるなどという発想を持てない人たちなのだろう。問題を抱えている人を「理解しよう」と言う人には要注意である。

さて、本題に戻ろう。学習者が正直と言うのは、ある行動をしている人はその環境下にあって当然そう振る舞っているのであって、学習者自身の内側に何か原因があるかのような考え方をしないからだ。問題はその環境の中にある。

私は不登校の問題を「てんびんの法則」と名づけて、

学校に行かずに家庭で過ごす理由を解説してきた。

家庭で過ごす理由

家庭か、学校か。不登校の問題を、“こころ”の問題と位置づけてしまうと、見失ってしまうことが多い。不登校とは、家と学校との往復を繰り返すことができなくなってしまって、学校以外の場所で過ごすことが多くなってしまうことである。その理由を考えるとき、「てんびんの法則」はわかりやすい。

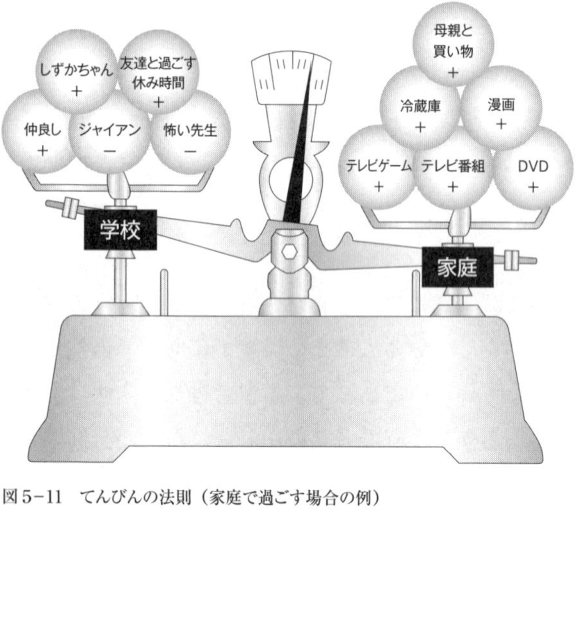

図5−11　てんびんの法則（家庭で過ごす場合の例）

学校や家庭は、雑多なところである。嫌子だらけのように思える学校ですら、いくらかの好子も混在している。家庭には好子だらけかと言えば、そういう家庭もあるようだが、嫌子もそれなりにあるかもしれない。

ある不登校児の生態を見てみよう。好子や嫌子を、学校と家庭のそれぞれの皿の上にのせてみればよい。前ページの図５–11をご覧いただきたい。

この男の子の場合、まず学校の皿の上を見てみよう。学校に行くと仲良しの友達もいるが、意地悪なクラスメイトもいる。好きな女の子にも会えるが、怖い先生もいる。でも、友達と過ごす休み時間は、家庭にはない楽しさがある。次に、家庭の皿の上を見てみよう。テレビゲームが自由にできて、学校に行くと見られないテレビ番組を見ることができる。好きなDVDを鑑賞することもできるし、マンガをいつでも読むこともできる。好きなときに冷蔵庫から好きなものを得ることができるし、母親にはたまに小言を言われるが一緒に買い物に行くこともできる。

これらの好子や嫌子の価値をそれぞれ「１」とするわけではないが、先の図５–11ではわかりやすく例示した。肝心なことは、単純に学校か家庭かという問題設定にすることである。実際、この男の子はこうした生態だったわけだが、これで学校に行かなくなっていたのが事実である。てんびんの法則で考えれば、この男の子が学校に行かずに家で過ごす（不登校やひきこもりになる）ことは、何ら不思議なことではない。ごく自然なことである。

おのずと学校に行く確率を高める方法

てんびんの法則を使って、子どもそれぞれの生態を調べることができたならば、今度はそのてんびんをどう動かすか考えればよい。皿の上にのっているものを、いろいろと動かせばよいだけのことである。

学校の皿を動かす方法としては、好子を増やすか、または嫌子を減らすことが考えられる。家庭の皿を動かす方法としては、自由に与えていた好子を完全に撤去して条件付きで与えるか、または嫌子を増やすことが考えられる。先ほどの男の子の場合、学校はまったく非協力的であった。したがって、学校の皿は変わらない。家庭の皿を動かすしか方法はなかった。まず、この男の子が学校に行くべき日に行かなかった場合は、すべての好子を撤去した。学校には行かなくてもよいが、部屋で大人しく安静にしていることを求めたのだ。これだけでも効果はあった。この男の子は、学校側の条件は何も変わらないのに、また学校へ行くようになったのだ。てんびんが動いたということだ（図5−12）。

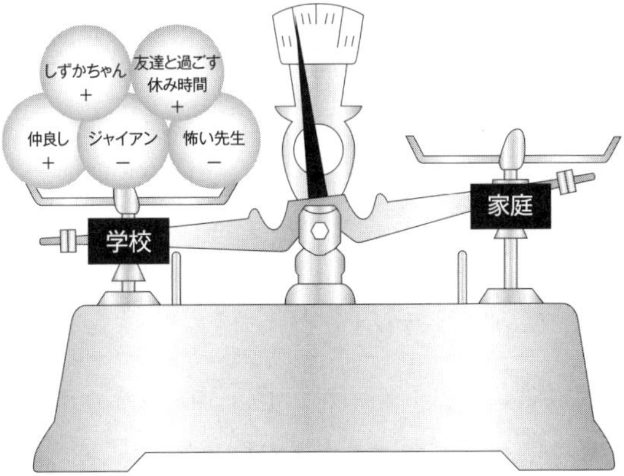

図5−12　てんびんの法則（家庭で自由に得られる好子を撤去した）

これまで学校に行かなくても得られていた好子を、学校に行くという結果（出来高）に応じて獲得できるようにしたら、おのずと学校に行くようになったというだけのことだ。これもまた何ら不思議なことではない。不登校の問題は単純だと言っているのは、こうした理由からである。それでも、行動をしている本人の"こころ"の中に何らかの問題があると考えたい人は、まだまだ多いはずだろう。そう考える人は、そう考える行動が何らかの行動随伴性によって強化されてきたのだろうし、逆に環境を変える（学校や家庭の皿を動かす）行動が消去または弱化されてきたのだろう。本書では、これまでたくさんの行動随伴性を例示してきたので、あえてここは読者諸賢に「“こころ”の中に何かあると信じたい批判者の言動」の行動随伴性を、あれやこれやと考えていただきたいと思う。

6. 奇声をあげる男の子

注目の機能とは、なかなかやっかいなものだ。本書の冒頭を思い出していただきたい。第１章のアキラくんのエピソードだ。発作につながる奇声を頻発していた男の子である。ここでは、機能分析の観点から「おさらい」をしておこう（図５-13）。

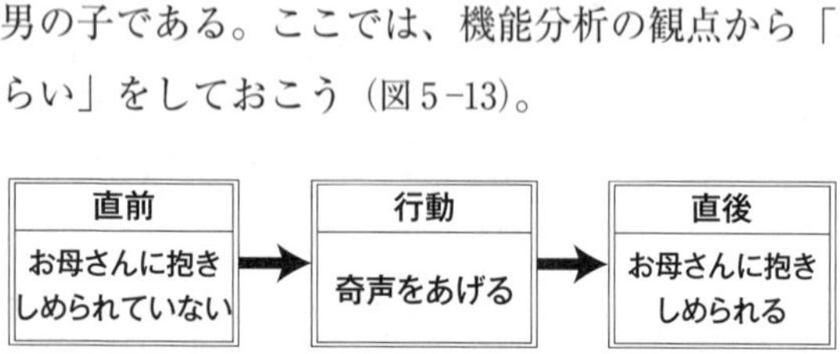
直前
お母さんに抱きしめられていない
行動
奇声をあげる
直後
お母さんに抱きしめられる

図５−13　第1章のアキラくんの行動（介入前）

行動の直前と直後、ここを母親の注目の有無で見れば、好子出現の強化になっているということがおわかりいただけるだろう。母親の注目が好子と推定された。そしてその推定は、介入の結果によって妥当なものとされた。

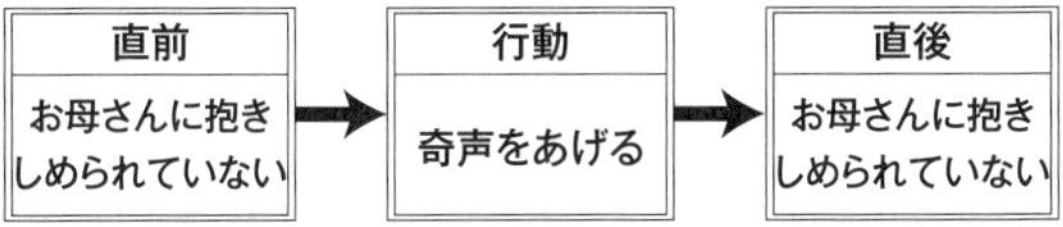
直前
お母さんに抱きしめられていない
行動
奇声をあげる
直後
お母さんに抱きしめられていない

図5−14　アキラくんへの介入（消去）

図5−14は、消去のダイアグラムだ（第3章参照）。消去の特徴は、直前と直後に変化がない。つまり、奇声をあげて注目を得るというつながりを断ち切って、奇声をあげる行動を無効化したのだ。それだけではない。

直前
お母さんと一緒に部屋の中にいる
行動
奇声をあげる
直後
お母さんと一緒にいる部屋から連れ出される

図5−15　アキラくんへの介入（好子消失の弱化）

アキラくんには少し気の毒だったかもしれないが、好子消失の弱化の効果もあっただろう。アキラくんの場合、一人遊びに従事している時間が長いとはいえ、母親と一緒に部屋にいることは好子だったに違いない。

奇声をあげるたびに母親からの注目は得られなくなり、部屋からも連れ出されるので、それで好子が得られなくなることや、一時的に剝奪《はくだつ》されることは、アキラくんからすれば酷なことだ（前ページ図５−15）。しかし、この激しい奇声を放っておくと、さらに強い発作につながっていたかもしれないし、回数も頻繁なので、何もやらずに放っておくほうが気の毒で体にも害があると考え、両親もそれに同意した。

そこで、消去による介入と同時に次のような提案を行っていた。

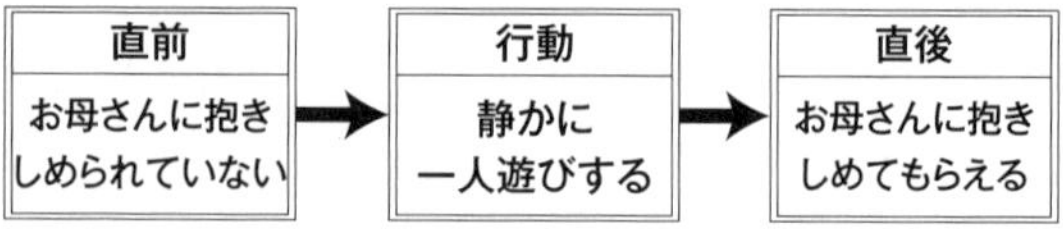

直前
お母さんに抱きしめられていない
行動
静かに一人遊びする
直後
お母さんに抱きしめてもらえる

図５−16　アキラくんへの介入（好子出現の強化）

介入前の様子だが、奇声をあげることも頻繁だったが、一人遊びをしている時間もよく見られた。そこで、静かに一人遊びをしているときに、お母さんに注目を与えてあげるようにしてもらった。お母さんの注目が好子だったわけだから、奇声をあげる行動を無効化する一方で、それ以外の穏やかな行動を強化することを目指したわけだ（図5−16）。

これらの介入による結果は、あまりにも劇的であったことは第1章に詳しく述べた。お母さんは、この介入のことを思い出すたびに、私にこのようなことを述懐してくれる。「最初は、表面的にはかわいそうなことをしているように思いましたが、ただ無視をするだけでなくて、別の行動を用意して下さっていたので受け入れやすかったです。むしろ、それまでアキラの一人遊びを無視していたのが悪かったなと反省しました。あのまま逆の対応を続けていたらと思うとゾッとします」。

7. 嘔吐《おうと》を繰り返す女の子

私は学校コンサルテーションも行っている。ある小学校を訪問した際、小学3年生の女の子（ミナミちゃん）が授業中に嘔吐を繰り返すということで、困り果てた女性担任が私に相談してきた。その状況（どんな場面や状況で、その行動をするのか、その行動をしたら担任やクラスメイトはどのような対応をしているのか、家でも同じような行動があるのかなど）を詳しく聞き取った。すると、次のような対応が見えてきた。

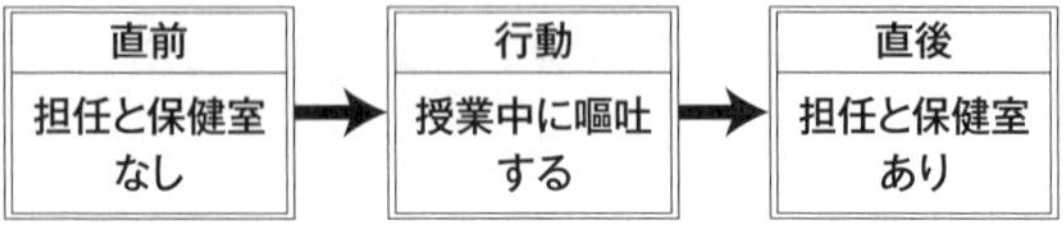
直前
担任と保健室なし
行動
授業中に嘔吐する
直後
担任と保健室あり

図5−17　介入前のミナミちゃんの嘔吐行動
（好子出現の強化：注目の機能）

担任としては当然の対応だろうが、ミナミちゃんが嘔吐したら服を着替えさせて安静にさせるために、保健室に連れて行って着替えさせていた。その間、授業は中断している。したがって、もう一つの行動随伴性も考えられた。

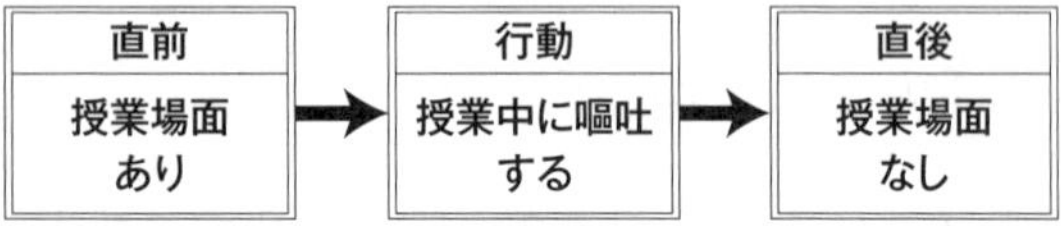
直前
授業場面あり
行動
授業中に嘔吐する
直後
授業場面なし

図5−18　介入前のミナミちゃんの嘔吐行動
（嫌子消失の強化：逃避・回避の機能）

図5−17と図5−18を見れば、ミナミちゃんが授業中に嘔吐する行動は、少なくとも二つの機能が複合して一つの行動を強化していることがわかる。担任と二人きりで保健室に行けることが好子として機能しており（注目）、なおかつ授業場面から逃れられるという嫌子

消失の強化もある（逃避・回避）。自宅では嘔吐行動が見られなかったことから、上記のことが推定されたのだ。

そこで、担任には次のような提案をした。授業中に嘔吐しても、担任が静かに嘔吐した物を片付けるだけにして、着替えもさせない。なぐさめの言葉もかけない。ただ、淡々と嘔吐物を片付けて授業を続行することを提案した。そして、こうした対応は一時的に嘔吐行動をエスカレートさせるのは確実であるということ（消去抵抗）も、しっかり念を押しておいた。それどころか、今まで見たことのない種類のもっと激しい抵抗を示すようになる可能性（消去バースト）も伝えておいた。

もちろん、これらの介入は両親にも理解してもらわなければできないことなので、担任と一緒に両親に直接伝えた。ミナミちゃんの両親からは、この嘔吐行動が小学１年生の後半から学校で頻発して悪化し、胃酸で歯がボロボロになってきていることからも、何としてでも直したいという強い要望と理解が得られた。

それでは、まず消去のダイアグラムを見てみよう。

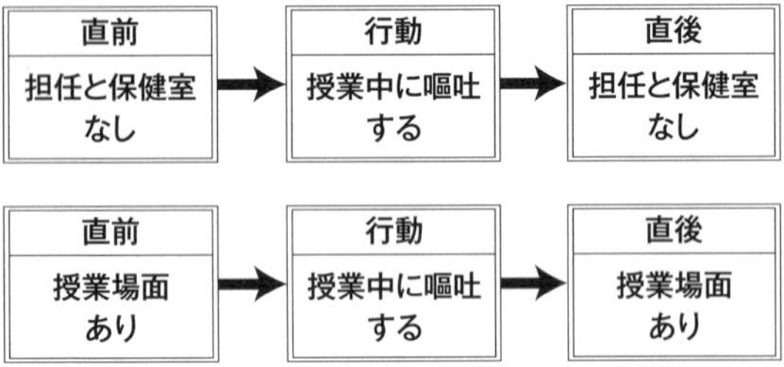
直前
担任と保健室なし
行動
授業中に嘔吐する
直後
担任と保健室なし
直前
授業場面あり
行動
授業中に嘔吐する
直後
授業場面あり

図5−19　ミナミちゃんの嘔吐行動への介入（消去）

授業中に嘔吐することで得られるメリットをなくしてしまおうというのだ。授業中の嘔吐行動を無効化させる手続きである。この日から、私があらかじめ担任と両親にはっきりと伝えていたことが起こった。ミナミちゃんの嘔吐行動は、すぐにエスカレートした。担任は、しばらくは余計に嘔吐行動がエスカレートするということをあらかじめ聞いていたため、少し心配だっただろうが図5−19で示したように、保健室に連れて行くのはやめて、何事もなかったかのように嘔吐物を淡々と片付けるだけで授業も中断しないようにした。

ミナミちゃんにとって、担任と二人きりで保健室に行くことは好子であり、なおかつ授業場面は嫌子となっていた。そこで、消去の手続きを実施するだけでなく、同時に次のような提案を行った。

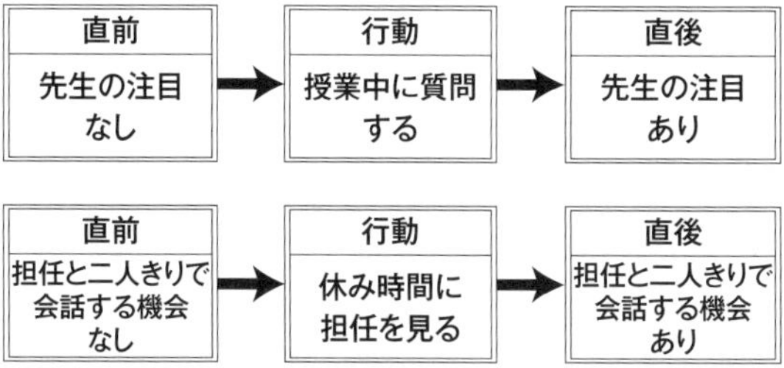
直前
先生の注目
なし
行動
授業中に質問
する
直後
先生の注目
あり
直前
担任と二人きりで
会話する機会
なし
行動
休み時間に
担任を見る
直後
担任と二人きりで
会話する機会
あり

図5−20　ミナミちゃんの嘔吐行動への介入（好子出現の強化）

ミナミちゃんにとって、担任から得られる注目は好子であり、二人きりで会話できることも好子であった。したがって、ミナミちゃんが嘔吐する代わりに別の適切な行動をしたときに、担任がそれらの好子（つまり、担任の特別な注目）を伴わせるように徹底してもらったのだ（図5−20）。忙しい担任や親は、ついつい子どもが安定しているときには放っておいてしまって、逆に不穏な状態で不安を訴えたときには、とても心配で放っておけないということで、注目を与えてしまいがちである。

ミナミちゃんは、学校側と両親の理解や協力があったおかげで、２年近く続いていた嘔吐行動が、たった１か月で一度も見られなくなった。こうした生理的な反応と密着したような行動すら、行動随伴性の枠組みで機能分析の観点から見ていくと、解決の手立てが見つかるものである。

8. リストカットがやめられない女子学生

以前の職場で、私の授業を受講している女子学生が、授業の終わりに質問にやってきた。その質問が授業の内容に関することなら大歓迎だったのだが、質問の内容は「リストカットしてしまうこと」であった。女子学生は、「リストカットしてしまうんですけど」と言わず、いきなり傷だらけの両腕の内側を見せたのだ。学生相談室のケース会議で、その女子学生は多くの教員に同様の相談をしているということがわかった。教員らは、この女子学生に二の腕の傷を見せられると、たじろいでしまうようだ。非常勤講師は、「現実逃避だろう」と説明していた。別の教授は、「家庭に問題があるのです」と解説していた。確かに、学生相談員に詳しく聞くと、その女子学生の両親には、どうやら夫婦間で暴力問題があるとのことだった。したがって、「現実逃避」や「家庭の問題」などの説明や解釈は間違っているどころか、的を射たように聞こえる。それではどうすればよいのかという話になると、「現実逃避しなくて済むような支援が必要だろう」とか「何とか家族関係が良くならないものかねぇ」というコメントに終始してしまう。

私は、問題となる行動は、リストカットしてしまう行動よりも、その傷跡をなぜ他人に見せるかということだと考えた。図5-21に、この女子学生がリストカットの傷跡を見せる行動を図示してみた。

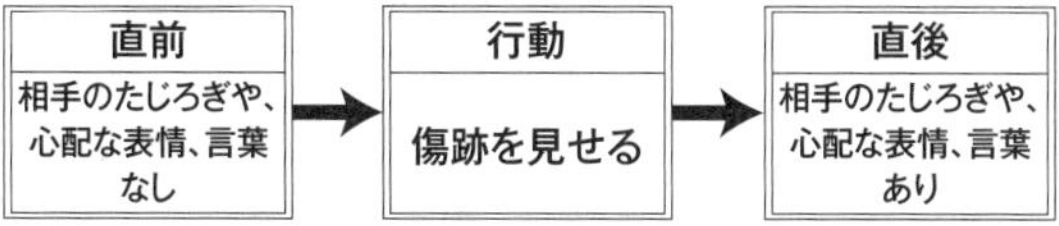
直前
相手のたじろぎや、心配な表情、言葉なし
行動
傷跡を見せる
直後
相手のたじろぎや、心配な表情、言葉あり

図5-21　ある女子学生がリストカットの傷跡を見せる行動

注目の機能の可能性が高い。傷跡を見せたら、傷を見せられた相手の多くは多少忙しくてもドキッとさせられて、「おいで。心配事があるなら話を聞いてあげますよ、もし良かったら」などと親切にするものだ。それが証拠に、こうした傷跡を見せられても「学生相談室に行きなさい」とだけ言う教員には、この女子学生は二度と話しかけようとしなくなっていた。ちなみに、私も内心はドキッとさせられたが、その女子学生に二の腕を見せられるや、「おっ、楽器のギロみたいになってるな！　それか洗濯板みたいやな！」とコメントしてあげた。女子学生は、「ギロじゃなくてリスカなんですけど……」とつぶやいた。不謹慎なように思われるかもしれないが、この学生にとって、こうした返答は新鮮だったようだ。表情がたじろいだのは、リストカットを見せられた私ではなく、私のコメントを聞かされた女子学生のほうである。その後、もう一度だけこの女子学生は別の日に私に、「リストカットは直らないのでしょうか？」と真剣な表情で話しかけてきた。私は即座に、軽い口調で「うーん、60歳過ぎになってやってるとは思えへんけどな。今、何歳？　ハタチ？　あと40年もそれを続けられるとは思えへんけどなあ。まあ、忙しくなったらやらなくなるんじゃない？」と答えた。卒業式の式典の後、この女子学生は華やかな袴《はかま》姿で私のところにお礼の挨拶《あいさつ》に来てくれた。２年前には考えられなかった明るい口調で、「先生の言った通りです！　就活で忙しくなって気がついたらリスカしないようになりました！」と満面の笑みであった。ほとんど２年ぶりに話しかけられたのだが、私もすぐに思い出して「おお、それは良かったやん！　還暦を迎えるよりもかなり早くて良かったな！　いろんな意味で、卒業、おめでとう！」と祝福した。

多くの人は、リストカットの問題について「“こころ”の問題が根底にある」と考え、腫《は》れ物に触るような対応をしているようだ。これを、「機能分析の四つのうちのどれかですよ」と言うと、多くの人は「深い問題を単純化しないでほしい」と拒否的に受け止める。リストカットしている当事者ですら、機能分析で考えたくはないようだ。当事者の「私のリストカット行為は、注目されたいとかそういう動機じゃないんです」とか、「こんなことをするのは、“こころ”の深層の部分で大きな問題があるからに違いない」と考えたい気持ちもわからないでもないが、そんなことを言い続けている人に限って問題を長引かせている。

DVや虐待やいじめにしても、習癖や依存症や不安障害にしても、あらゆる社会上の問題について、当事者らがどう主張するかに惑わされる必要はない。ついつい、通常では理解できないような行動をしている人がいる場合、その行動をしている本人が言っていることが真実であると思いたくなるかもしれないが、ほとんどの場合、本人すら行動の機能に気づいていないか、うっすら気づいていても動機は隠したいものなのである。したがって、行動の本当の原因を知るために大切なことは、その行動がどのような行動随伴性によって増減してきたのか、人それぞれの好子や嫌子を見極めることに他ならない。

第６章　日常のありふれた行動も

1. トークンエコノミー法

応用行動分析学で、しばしば用いられる技法の一つに「トークンエコノミー法」というものがある。応用行動分析学のほとんどの教科書から、この技法についての解説が得られるだろう。トークンとは、「貨幣の代用」という意味で、特定の価値を持たせたスタンプやポイントのようなものである。エコノミーとは、そのまま経済学という意味でよい。

私は以前、ブログを書かずにそのまま昔の記事を放置していた時期もあるが、トークンエコノミー法の解説を求めてインターネットで検索し、私のブログの記事にたどり着く人が毎日のようにいる。確かに当時、それくらい細かく書いた記憶がある。そこまで注目されている技法ならば、せっかくなので本書に大幅に加筆しておく。

トークンエコノミー法とは何か

トークンエコノミー法は、行動分析学ではよく知られた技法である。トークンエコノミー法を適用した研究は、家庭、保育所や幼稚園、学校、職場、精神科病院、リハビリテーション施設、福祉施設、刑務所などの矯正施設などで実施されており、成果が認められている。一見すると、簡便に適用できそうなため、行動分析学の専門でない人でもたくさん使っている。トークンエコノミー法は、日常生活でありとあらゆる場面に用いられ、人間の消費行動に影響を与えている。

　私の財布の中には、たくさんのカード類が入っている。それらのほとんどが、何らかのポイント制度を持つものである。たとえば、クレジットカードそれ自体にもショッピングポイントが貯《た》まるようになっているが、これだけでも５種類くらいはある。電子マネーも３種類くらい。航空会社のマイレージは、国内メジャー企業のものから、海外でも頻繁に使用する格安航空会社のものまであり、中でも上級会員のものはさらなるステイタスカードも発行されている。日常生活では、大手のホテルグループ各社、大型電気店各社、ドラッグストア、ドーナツチェーン、書店・レンタルチェーン、カフェ・レストラン、ファッションショップ、服の仕立屋さん、近所のうどん屋さんまで、何らかのポイントが貯まる仕組みになっているカードで財布が膨らんでいる。レジで支払いをする際、「当店のポイントカードはお持ちでしょうか？」と聞かれると、あわててそのカードを探しては違うものを出してしまう様子は、あわてたドラえもんが違う道具を出し続ける姿を彷彿《ほうふつ》させる。探した挙げ句、見つからない場合は「レシートにスタンプを押しておきますので、今度ご持参下さい」という店員の提案に応じることになり、ありがたいようで迷惑な感じである。携帯電話やネットショッピングなど、財布の中に入っていないポイントもたくさんある。

店がポイントカードを作る理由

店側はなぜそんな制度を設けるのか。それは、当然、リピーター客を確保するためである。客の奪い合いで「囚人のジレンマ」と呼ばれる状況になってしまい、どこかがいずれ破綻《はたん》することにもつながっている。一方、消費者側としてはメリットの大きさをてんびんで量り、大きいほうを選ぶ可能性が高い。店側にも消費者側にも、双方それぞれの行動随伴性を見ていけば、何も不思議なことはない。

トークンエコノミー法の利点は、ポイントの受け渡しが容易なこと、ポイントは貯めて使えるので食べ物のように満腹にならないこと、特定の行動の出現を高めて維持するのに有利なこと、視覚的に動機づけられて達成感も味わえることなどがある。

受け渡しが容易とは、紙切れとスタンプ一つで価値をコントロールできるという意味である。買い物をするたびに「手打ち蕎麦《そば》セット」のうちの道具を一つずつ渡されるとお互いに面倒なので、一定量のスタンプを貯めて申し込むと「手打ち蕎麦セット」がギフトセンターから送られてくるなら、そのほうがよい。最近では、スタンプ式ではなくて磁気カードにポイントが印字されていくものもあり、さらに面倒くささが解消されてきている。

ポイントは貯めて使えるので食べ物のように満腹にならない。そこで、トークンエコノミー法を使用しない場合を考えてみよう。ご褒美として、お菓子ばかりをあげていると、食べすぎで健康上良くないということもあるだろうが、満腹になると「今はもういいや」と行動をやめてしまう。トークンエコノミー法を利用した場合、ポイントを与えすぎると同じようなことが起こりうるが、直接もらえる食べ物よりも「いつでももらっておける」「とりあえず貯めておこう」「貯めておいて、もっといいものをゲットしよう」ということで、常に高い頻度で望ましい行動を維持させやすくなる。

特定の行動の出現を高めることとは、ポイントの貯まる店を集中的に利用する行動のことである。今や、各社がトークンエコノミー法を使っているので、消費者はどの店に行って買い物をしてもポイントが得られる。しかし、それらのポイントは同一チェーン店（もしくはその店舗のみ）でしか使えないものである。したがって、スーパーで買い物をするにしても、ガソリンスタンドで給油をするにしても、ポイントを貯めて少しでも早く景品を得るためには、あちこち好き勝手な店に入っているのではいけない。同じポイントが貯まる店を選ぶという行動が強化されることになる。行きすぎると、もう少しで燃料切れになるかもしれない不安があるにもかかわらず、何とかなりそうならば近くにある別のガソリンスタンドには寄らず、いつものガソリンスタンドまでたどり着こうとするほど、そのポイントを得ようとする人もいる。「ポイント２倍デー」とか「レディースデーはポイント３倍」となる日には、ついつい多めに買い物をしてしまうものだろう。普段は幹事などやりたがるキャラではない人が、会社の忘年会の会費を現金で集めて、自分のクレジットカードで支払う行動も、それによって大きなポイントが自分に入ってくるからである。「マイル修行僧」と呼ばれるそうだが、マイルやフライトポイントを獲得するために、無理にでも飛行機を使う旅程を立てる行動もそうである。トークンエコノミー法は、こうしたポイントが強い好子《こうし》になっている人にとって、通常では考えられないほどの特定的な行動を強めるほど、強烈な威力を持つことがあるのだ。

視覚的な達成感

視覚的に動機づけられ達成感も味わえるというのも、トークンエコノミー法の特徴である。100個のスタンプで1000円の金券が得られるというシステムがあるとして、その100個のスタンプは99個では無効である。100個になって初めて紙切れでなくなって1000円の価値を持つ。すると、これは単に「1000円分、得をした」というのではなく、スタンプカードを１年がかりでなくさずに最後までコンプリートしたということも意味する。コレクションなどが好きな人にとっては、コンプリートの達成感は大きな好子である。世界各地へ出張する私にもそういうところがあるのだが、マイレージが９万も貯まっていると特典で海外旅行にも使えるのに、「せっかくだから10万マイル超えの画面を見てみたい」と思ってしばらく使わずにいると、次に気がついたときには17万マイルを超えてしまっていて、さらなる高みを目指してしまった。今や80万マイルは常に保持している状態になってしまって、特典を使う行動よりも視覚的な達成感を得るための行動のほうが強化されているのかもしれない。企業側の思うツボである。

トークンエコノミー法は「さじ加減」が決め手

さて、たまに「トークンエコノミーを自閉症の息子に使ったが、うまくいかなかった。トークンシステムは万能ではない」「うちの子には合わない」などと言う人がいる。学校教員や保護者が独自に工夫してトークンエコノミー法を利用している実践事例を相談されることがあるのだが、バランスの良いプログラムになっていない場合が多い。それで、やってみてうまくいかなかった人が「トークンエコノミー法は万能でない」「合わない子もいる」と結論づけたくなる気持ちはわからないでもないが、それは短絡的な考えである。

こういう場合、トークンエコノミー法が万能かどうかなどではなく、トークン（好子）と行動の「さじ加減」の問題である場合がほとんどである。

ちょっと、こういう例から考えていただきたい。財布の中に美容室のポイントカードがある。この美容室のことは、まあまあ気に入っている。ある日、親友が「新しい美容室を見つけたんだけど、カリスマ美容師として有名で、思い通りのスタイルにしてくれるのよ、今度一緒に行かない」と誘ってきたとする。そのとき、今まで通っていた美容室のポイントカードは図6－1のような状態だったとしよう。

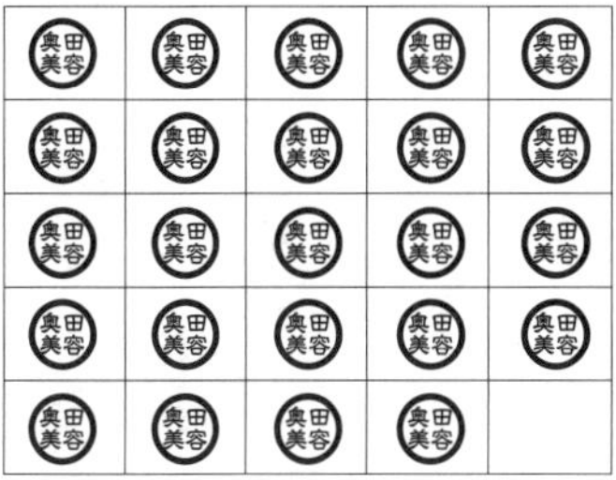

図6－1　美容室のポイントカード（あと一つで達成）

この美容室では2000円ごとにスタンプで１ポイントを押してもらえるのだが、あと１ポイントをゲットすれば5000円の金券と交換できるところにまで来ているのだ。あなたは、この親友の誘いに乗って、今まで１年近くかけて貯めたポイントカードを捨てて、新しい美容室に行くことにするだろうか。

もう一つのシチュエーションを考えてみよう。今まで通っていた美容室のポイントカードがこんな感じだった場合はいかがだろうか（図6－2）。

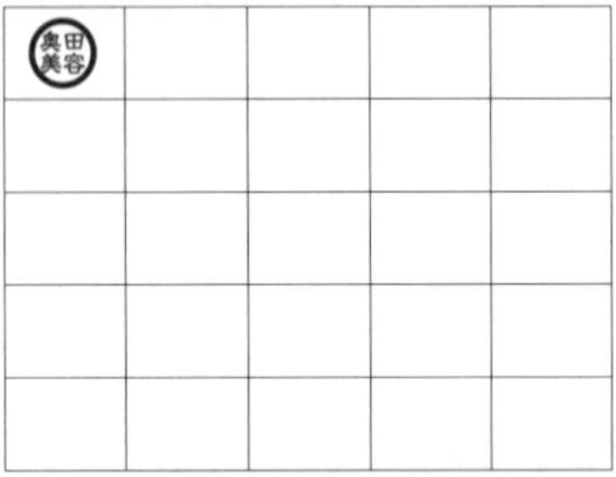

図6－2　美容室のポイントカード（初期状態）

5000円の金券と交換できるようになるまで、まだ遠い道のりで１年近くかかりそうだ。こうした状況ならば、親友の誘いに乗ってすぐに新しい美容室にくら替えしてみる可能性が高くなる。前ページの図6－1と図6－2を、状況の違いで比べていただければ、その状況によって行動が大きく変わりそうだということは明白である。企業側にしてみれば、当然、図6－2のときに客離れされる危険性が高いと予測して、手を打たなければならないだろう。

図6－1のように、あと１ポイントでこれまでただの紙切れだったものがお金の価値を持つようになる状況では、賢い人ならば「もう１、２回だけ今までの美容室に行ってからにするわ」と考える可能性は高い。

トークンエコノミー法は、消費者のリピート行動に対してこれほどまでに（ときには親友の誘い以上に）強い影響を与えることがあり、しかもそれはカードとスタンプだけで、とても簡便なものである。企業側からすれば、設定していたポイントに到達しさえすれば、それなりの景品（バックアップ好子と呼ぶ）と交換できるようにすればよいだけだ。子どもの頃に親と集めたグリーンスタンプとかブルーチップも同じシステムだ。貯めれば貯めるほど、景品交換リストから好きな景品を選べるようになり、ポイントが大きくなるとバックアップ好子の価値もさらに高いものとなる。

トークンエコノミー法は「さじ加減」が決め手。このように述べたが、次のポイントカードをご覧いただきたい（図６−３）。

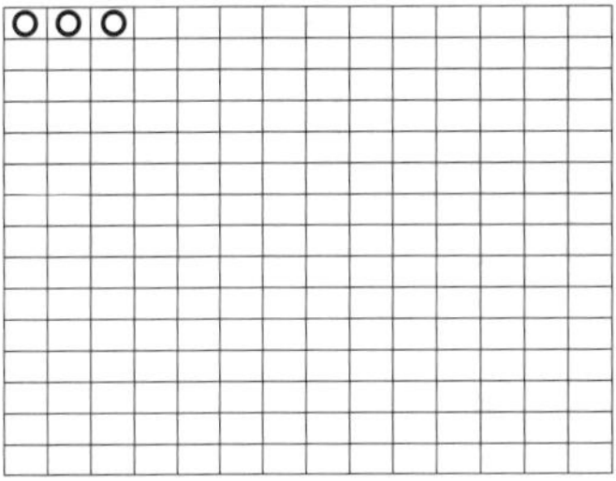

図６−３　途方もないポイントカード

右下まで全部集めて、ようやく交換してもらえるというのは、先ほどの美容室のポイントカードと同じである。ところが、この図6−3のような店の場合、そこに行き着くまでに5年ほどかかりそうだ。こんな途方もないカードを財布の中に後生大事にしまっておく人はどのくらいいるだろう。こんな店は、リピーターを失う可能性が高くなる。やはり、バックアップ好子が適度にコンスタントに得られる程度に配分しなければならないのだ。20万円分利用したのに、バックアップ好子が「店長の粗品（ポケットティッシュ3個）」だけだとどうだろう？　駅前を3回も歩けばもらえるものなのに。こんな粗悪な店には荒っぽく文句を言って袖にして、今後は浮気もせずに一つの店を集中的に愛顧して利用したのに見合ったバックアップ好子をいただけそうな店に変える可能性が高い。バックアップ好子を、どの程度の行動にどの程度の価値と頻度で提示していくか。この価値と頻度の「さじ加減」が絶妙な場合に、トークンエコノミー法の効果は冴《さ》え渡る。

手応《てごた》えのある仕事

トークンエコノミー法は、個人の環境にも大きな影響を与えている。よくある失敗の一例を紹介しよう。

子どもに月5000円の小遣いを与えているのだが、この男の子に母親が約束を守らせよう、手伝いをさせようと考えたそうだ。母親は「夕食までに宿題を終えていたら100円分のスタンプ、お皿洗いをしてくれたら150円のスタンプとしたのですが、宿題は月の半分くらいしかやらないし、お皿洗いはまずやってくれません」と言っていた。しかし、何だかんだで、この男の子は寝ていてももらえる小遣い5000円も含めて、ひと月で合計7000円前後ももらっていることがわかった。母親に「100円とか150円とかにした基準は？」と聞いてみると、「だいたいそんなものかなと思って」という答えである。そこで、この子どもは１週間でどれくらい自分のお金を使うのか、１か月でどれくらい使うのか、大きな買い物はどれくらいの額で、どれくらいの頻度で使おうとしているのかなど、詳しく聞いてみた。すると、お菓子などは母親が買い与えていたし、「週刊少年ジャンプ」を買うくらいで、ゲームソフトも２、３か月に１本程度だから、毎月、貯金できるほどお金が貯まっているということだった。私はこの母親に「遊んでいても手に入るお小遣いが5000円で、それが貯金できるほどある子どもが、やりたくないことをやって100円分のトークンをもらおうとしますか？」と、金銭感覚のずれを伝えた。そして、まずは小遣いをゼロにした上で、宿題を毎日やって、皿洗いを２日に１回程度やると月に合計6000円から7000円くらいになるように求めた。そうすると、宿題をやることで得られるポイントの単価が格段に高くなるので、一見すると不自然なのだが、とにかく変わらなかった行動が変わったのだ。

それも、8000円から9000円も稼ごうとするほどになった。この男の子の変化は、明らかにこのトークンエコノミー法の「さじ加減」を、「ちょうど良い塩梅《あんばい》」にしてからのものである。寝ていてももらえる小遣い制度にしていたときには怠惰な子に見えたものだが、行動の結果によって左右されるシステムにしたとたん、男の子は最初だけ文句を言ったが、そのうち生き生きとした姿に変わったと両親も実感できた。一般的な言葉で言えば、「やればやっただけ手応えのある仕事」のほうが元気を生み出す。行動に無関係に与えられる一定の報酬というのは、「報酬」といえども行動の直後にダイレクトに出現する好子とはまったく性質の異なるものであるということは、行動分析家が認めるところである。

トークンエコノミー法のバリエーション

トークンエコノミー法は、できれば「遊び心」があったほうが楽しい。特に、子ども相手の臨床では「遊び心」は必要不可欠だ。もちろん、大人相手でも効き目のある発想である。毎年、国際行動分析学会に参加しているのだが、新しい理論やモデルの発見というものはなくても、面白いアイデアの発見が必ずあり、そこから新しい着想を得ることもできる。

ある年次大会でのこと。トークンエコノミー法の実践事例をたくさん紹介するシンポジウムに出席してみた。ある小学校での実践例が紹介されたのだが、ゲームライクな内容でアメリカらしさを感じることができた。たとえば、野球が好きな子どもには野球盤を使ってポイントを獲得させるシステム。具体的に定義された適切行動（たとえば、自発的に挨拶《あいさつ》する）が生起するたびに、ヒット１本。ヒット３本で満塁になり、４本目はホームラン。これで４点獲得。学校の帰りまでに９回の攻防があって、帰りにお楽しみ（バックアップ好子）と交換できるというシステムだ。もちろん、点差があればあるほどバックアップ好子の価値は高まる。他にも、チェスが好きな子にはチェス盤を使って獲得したポイントを視覚的に提示していくアイデアもあった。宝探し（すごろくのようなもの）を使ったり、昆虫採集のようなものがあったり、バラエティーに富むシンポジウムだった。

私もトークンエコノミー法をできるだけ楽しくするための工夫は、あの手この手を使ってやっている。適切行動１回につきパズルのピースを一つずつ渡し、完成したらバックアップ好子というやり方も、まったく同じだろう。パズルが好きな子どもには、パズルを完成させたい気持ちとそのために求められる行動のさじ加減が絶妙だと、パズルの完成は当たり前のように喜ぶが、こちらが求めた課題自体が楽しくなるようで、一石二鳥以上である。一石二鳥以上になったとき、そのトークンエコノミー法の設計が正解であったということになる。トークンエコノミー法は、それ自体が成功か失敗かではなく、その設計が成功と失敗の鍵を握っていると言えよう。

不登校と「そもそも」論

私はこれまで、重度知的障害の自閉症者や無発語の幼児、まだ１歳だが多動症が疑われた幼児など、トークンエコノミー法をそれぞれの対象者に合わせてきたが、どのようなケースでも適用可能だと確信している。

不登校の事例についても、その介入例を紹介しよう。私は、通常学級に在籍する発達障害児で不登校を主訴としていた保護者にコンサルテーションを実施した。サツキは、アスペルガー症候群と診断された小学３年生であり、特定の授業に対する不安が見られた。ソウタは、ADHD（Attention-deficit/hyperactivity disorder：注意欠陥・多動性障害）と診断された小学２年生であり、登校するまでの時間帯に母親に対する暴力が激しかった。両名ともに、その母親には再登校への強い動機があった。

不登校や登校しぶりの場合、特に家庭や学校での過ごし方をしっかり調査しなければならない。こうした作業は、生態学的調査と呼ばれる。「不登校の子どもは甘えがあるんでしょう」とか、「学校へ行く気持ちがないから行かないんでしょう」などと役に立たない循環論をこねくり回したり、十《じっ》把《ぱ》一絡《ひとから》げにしないために、この生態学的調査は必須事項である。生態学的調査をすれば、すぐに100人いれば100人それぞれの生態があるということがわかるのだ。

さて、この介入でもさまざまな生態学的調査を行った。そこには、子どもの日課や習慣から好子となっているものを見つけ出す作業も含まれている。サツキの場合、毎週水曜日の夜、レンタルビデオ店で好きなビデオを選ぶことを楽しみにしているということがわかった。また、ソウタの場合、毎週末、母親に駅に連れて行ってもらって特急電車を見ることを楽しみにしているということがわかった。両名とも、これらの活動は習慣化しており、母親もそれに付き合うことができていた。睡眠の乱れはなかったし、学校に対する念入りな調査によって「いじめ」もないことが確認できた。

そこで、トークンエコノミー法の導入である。「登校がんばり表」という1週間分のシール台帳を作成し、朝の会から終わりの会までのそれぞれのコマに、遅刻や早退なく教室にいることができれば、特別なシールをそのコマに貼ることができるようにした。このトークンエコノミー法を開始する前の学校参加率に基づいて、それぞれの子どもの達成基準を無理のない程度に設定した。そして、1週間ごとに設定した基準をシール数がクリアした場合のみ、バックアップ好子を得ることができるようにした。その結果は、図6－4に示した。

その結果、両名とも学校参加率が大幅に増加した。そして、学校参加率の基準を引き上げても、両名ともに高い水準で学校参加ができるようになり、学校参加

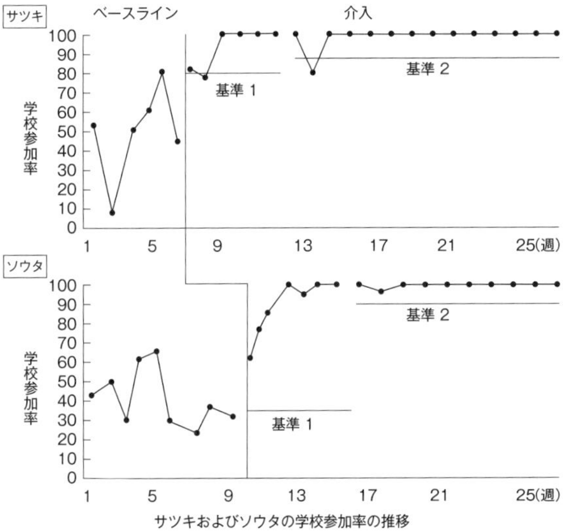

図6−4　学校参加率の推移（奥田、2005）

率は100％、すなわち遅刻や早退もなくなって無欠席が続くようになった。サツキ自身は「こんなやり方をしてほしかった」と言うようになり、トークンエコノミー法による介入から6か月後、登校がんばり表を自分でやめても、学校参加率はそのまま維持した。ソウタにおいては、母親に対する暴力がなくなり、介入から8か月後、登校がんばり表を自分でやめても、学校参加率はそのまま維持した。両名の母親は、子どもの不登校が始まってからやめていた仕事に復職できるほどになったのだ。

ここで興味深いのは、トークンエコノミー法という人為的な介入方法を使っても、うまく自然な行動随伴性（学校に行くことでほめられる、そのうち楽しみも増えるなど）に移行していける可能性があるということだ。もし、これが「そもそも論」を振りかざして「そもそも学校には、そのような学校とは無関係のご褒美で行かせるものではない」と言うのであれば、「そもそも論」を知っている人の子どもは不登校になるはずがなかろう。「そもそも学校は勉強をするところだ」と言う大人の「そもそも論」とは無関係に、友達に会えることや好きな異性に会えることなどが学校へ通う行動の好子になっている子どもは多いはずだ。うまくいけば、興味深くて面白い授業との出会いで勉強も楽しくなってくるものである。「そもそも論」よりも、直接の行動随伴性を探ったほうが生産的である。

「ワクワク感」を大事にしよう

トークンエコノミー法に関する、細かな配慮事項もいくつか述べておこう。

一つは、「子ども自身がバックアップ好子を選択できること」である。子どもの年齢によって、興味や関心、好みを考慮する必要がある。そして、トークンエコノミー法以外の手段ではバックアップ好子を入手できないようにしておくことが効果的である。普段は手に入れられないのに、手が届きそうな歩みをすること自体に「ワクワク感」が得られるのだ。「ワクワク感」などは、学生が使いそうな言葉かもしれないが、これも行動分析家ならば使ってもよい。なぜなら、死人はワクワクしないからである。トークンエコノミー法では、この「ワクワク感」はとても大切な要素だ。

それから、「実際に与えやすいもの」であること。子どもがポイントカードをコンプリートしたのに、バックアップ好子をもらえるのが半年後とかではいけない。これは、親の実践でしばしば陥る失敗例である。たとえば、約束を守って半年間がんばってポイントカードをコンプリートしたのだが、ディズニーランドに連れて行くという約束（バックアップ好子）を、半年過ぎてもまだ果たしてあげられていない状態だ。これでは、全然バックアップ好子になっていない。「ワクワク感」を裏切ってはならない。

トークンエコノミー法は、親や教師が子どもに押しつけるようなものではなく、「やればやっただけお得だと思いますが、いかがですか？（やりたくなければやらなくてもいいよ）」というスタンスで計画するべきであり、そしてそれは裏切ってはならない契約なのである。5年がかりで一生懸命貯めたポイントやマイルが、店の倒産などでゼロになるとすれば、誰でも怒りや失望の感情が起きるのではないだろうか。したがって、やはりトークンエコノミー法で裏切りは禁物である。

その他、家庭での導入でよくある失敗としては、トークンエコノミー法を導入するときに約束していなかったことを突然に求めて、子どもをいたずらに怒らせてしまうことである。たとえば、妹に意地悪したからと言って、それまでコツコツと貯めていたトークンを奪ってしまうという減点法である。トークンはトークンとして約束事にだけ使用するべきで、妹に意地悪をしたことへの償いは契約したトークンとは別のことで考えるべきである。

ポイントを減点するレスポンスコスト

トークンエコノミー法は、加点方式である。しばしば、「ポイントを減点する方法もあるのですか？」と聞かれることがある。答えは、ある。ポイントの減点方式は、レスポンスコストと呼ばれる技法だ。こちらもまた、たくさんの研究が見られる。レスポンスコストでは、望ましくない行動の生起に対して、貯めていたトークンを減らす手続きをとる。トークンは好子なので、レスポンスコストは好子消失の弱化の手続きである。弱化手続きには副作用があるので（第3章参照）、あまりお勧めできない。レスポンスコストを使用する場合、特別にそれが必要なケースにおいて、非常に注意深く計画されていなければならない。レスポンスコストにおいては、どんな行動をするとどれだけトークンが減らされるのか、あらかじめ契約書に明記しておく必要がある。これは、トークンエコノミー法でも同じことであるが、特に弱化手続きの場合は慎重でなければならない。私の場合、子どもらとゲーム感覚で遊ぶ場合、ポイントが増えるだけでなく、たまに減るシステムも導入して、人生ゲームのような楽しみ方をすることがある。たとえ、ポイントが減らされてゲームに負けるようなことがあっても、ゲームをプレーしたこと自体を楽しめたと思えるようになるならば問題ないからだ。

しかし、楽しみ、期待、「ワクワク感」のある計画を潰《つぶ》すようなレスポンスコストはやらないほうがよい。

2年近くかけて一生懸命に貯めたマイレージポイントが、もし1回だけ飛行機に乗り遅れたなどの理由で、マイレージまで減算されるようなことがあると、そんな航空会社には嫌悪感を覚えるようになるだろう。同じように、子どもらもせっかく1週間近くかけてコツコツと貯めてきたポイントが、たった1回の何かの望ましくない行動（しかも、事前に契約をしていない行動）でポイントが没収されてしまうと、きっと腹が立つに違いない。それだけでなく、もうこうやってコツコツとポイントを貯めることに何の意義も見出さなくなるだろう。「やがて没収されるんだろう」「どうせ景品には到達しないよ」というのがルールになると、無気力になってしまう。

あまりにも重大な問題を起こした場合に、ポイントをすべて没収してしまう方法は、効果的な場合もある。しかしそれは、その重大な行動が二度と起こらない場合にのみ成功したと言える。しばしば、ポイントがゼロになってしまうことが起きるのならば、それはトークンエコノミー法やレスポンスコストの問題というよりも、それを設計した設計者の間違いである。

やはり、基本的には「アメとムチ」のトークンエコノミー法とレスポンスコストの併用よりも、「アメとアメなし」のトークンエコノミー法のみの導入を目指したほうがよい。

2. FTスケジュール

トークンエコノミー法では、行動とは無関係に与えられる報酬よりも、一つひとつの行動ごとに好子が与えられるほうがよいという説明をした。ここでは、あえてそうしなくてもうまくいく方法を述べる。

ニューヨークでのこと

まずは、私がニューヨークのとある学校に見学に行った際のエピソードである。そこには私の友人が行動分析学の専門家として勤めているという縁があって、国際学会の帰りに立ち寄らせていただいたのだ。その学校は幼稚園部から成人施設まで、すべて整ったコロニーのようになっていた。特に、幼稚園から小学校の低学年までの行動分析学によるプログラムは非常に魅力的であり、そこに通っている子どもたちの行動上の変化には目を見張るものがあった。ただ、中学部以降の部門で、まだ行動分析学があまり現場に導入できていないという課題があるのだということであった。実際、幼稚園から小学校までを見学させてもらった後、中学部の教室に入ったとき、案内に来てくれた教員が「この学校の中で、今一番、荒れているのがここです」と教えてくれた。ちょうどランチの時間前であった。

そこに、身長165センチくらいはあったと思うが、14歳くらいの知的障害のある自閉症生徒が、これまた身長180センチを軽く超える二人の介助員に両脇を抱えられつつ、何やら大声でうなりながら部屋に入ってきた。入ってきたとたん、この生徒は自分で自分のTシャツを破いてしまって、介助員らもそれ以上破らせないために押さえつけたり、着席を強要したりしていた。生徒は強烈な抵抗をしているし、介助員らもそれ以上の力で押さえ込もうとしているので、力と力がぶつかるようなシーンで、なかなかの修羅場であった。

「わんこそば」式

ここで、一人の若いクラス担当教員の女性が、私や案内に同行してくれた教員に向かって、「うちはいつもこんななのよ、あんたたちもやってみたらいいのよ」と聞こえるようにつぶやいた。これからランチの準備で、他の生徒もいるのにこんなに一人の生徒に手がかかっているんだというアピールのようだった。聞けば確かに、この生徒がこの学校で一番、行動障害が激しいということであった。ランチでの問題としては、突然激しく周囲の人に暴力をふるうことや、他人の食べ物を奪って食べることだという。私はこれまで同じような、あるいはもっと激しい行動障害のケースも担当してきたし、若い担任教員に皮肉っぽくつぶやかれたこともあったので、「私にやらせて下さい」と名乗り出た。そういうことで、飛び入りのランチタイム指導となった。私は、この筋肉質の生徒の横に腰掛けた。

結果から言えば、私は一度もこの生徒に殴られなかったし、この生徒も普段いつもやっている盗食もしなければ、突然立ち上がってうなり声をあげるようなこともなかった。

私が実施した方法はこうだ。まず、ランチとして出たクラッカーやバナナを私の目の前に置く。すぐに、ひと切れ（1センチ角くらい）ずつを生徒の目の前に差し出した。彼はすぐにそれを受け取って食べる。その間、私は次のひと切れを用意しておき、彼が前のひと切れを口に入れたと同時くらいに、新しいひと切れを目の前に差し出す。彼はまたそれを受け取って食べる。これを、ひたすら繰り返した。ひと切れを彼の手に渡す時間は、およそ2秒から5秒くらいだったので非常に素早い動きに見えたであろう。私は殴られたくない。だから、こういう方法を取ったのだ。殴る暇もないようにした。「わんこそば式」と名付けてもよいと思うので、わんこそばを食べる人とお椀《わん》にそばを入れる人のあの動きをイメージしていただければよい。この生徒は、あっという間に食べ終わり、食べ終わった直後に、私はすぐに彼の一番好きな遊び場所へ連れて行ってあげるよう、介助員らに伝えてバトンタッチした。

無理矢理に押さえつけもしないし、叱《しか》ることもしない。むしろ、軽快なリズムで食べさせて、彼もご機嫌のまま別室に行くことができたのだ。この一部始終を見ていた人たちは驚いたり呆気《あつけ》にとられたりしていたようだが、行動分析学を学んでいない担当教員は、「彼は日本人が好きなのよ」「さっきまで十分に暴れていたから疲れていたのよ」と言う他なかった。

私としては、これもまた行動分析学の技法を応用しただけのこと。偶然ではなく、いつでもどこでも同じような技法を応用し、成功を収めている。嬉しかったのは、さすがに私の友人はこの技法にすぐに気づいてくれた。この教室を出るや否や「さすがだね」と喜んでくれて、そこから応用行動分析学の技術話に花が咲いた。

「FTスケジュール」と呼ばれる行動分析学の実験研究がある。FT（fixed time）とは「時間を固定させて提示する」という意味で、これまで本書では行動に随伴して好子を出現させる話をしてきた。でも、FTスケジュールでは行動に随伴させるのではなく、時間ごとに好子や嫌子を提示するのである。つまり、行動に無関係に好子を提示するのであり、たとえば5秒ごとに好子を提示するとか、1分ごとに好子を提示するといった方法である。もちろん、ちょうどその好子が出現する直前のタイミングで、特定の行動をしていると偶発的にその行動を強化することになるのであるが、これらの偶発性によって行動がどのように変わるのかという実験研究も山のようにある。

この行動障害の激しかったニューヨークの自閉症生徒の暴力については、その暴力が出現しないほど小刻みに、つまり2秒から5秒程度の間隔で好子を提示し続けた。暴力に好子が随伴することが一度もないようにした。私もせっかくのニューヨーク巡りなのに、仕事とはいえ殴られたくはない。殴りかかる行動に随伴させないように好子を提示する方法は、NCR（Noncontingent Reinforcement）とも呼ばれている。日本語にすると「非随伴強化法」となる。行動分析学では「行動に随伴して」というのが一番の肝《きも》なのだが、応用行動分析学では技術として「行動に随伴させないように」という技法まで開発されている。ただ、これを解説している書籍は少ないためか、技法としての知名度はまだ低いようである。

強度行動障害者の施設にて

次に、私が日本で行ったFTスケジュールの成果をいくつか紹介する。非常勤の心理士として勤務していた知的障害者更生入所施設の中に、強度行動障害特別処遇棟が設けられ、そこの立ち上げから軌道に乗るまで関わらせていただいた。家庭や他の施設で処遇困難になった、激しい行動障害のある成人を相手に特別処遇を行うという事業であった。私はここを任されたので、「応用行動分析学で100%やる」という決意のもと臨んだのだ。実際にそのようにしたのだが、非常に印象に残っているのは、やはりFTスケジュールによる介入である。

対象者は、知的障害の重い自閉症男性Aさん（28歳）だった。こだわりが強すぎて、事務室のブラインドカーテンが半分閉じた状態だったり、洗濯物を取り込む時間がずれたりすると、近くにいる大人に爪《つめ》を立ててつかみかかる。人間の頭部くらいの隙間《すきま》しか空いていない出窓から、体に傷ができようが脱出して行きたいところに行く。一度、それをブロックしようとしたら、私のステンレス製のキーホルダーの輪が千切れたくらいの力であった。女性支援者の二の腕は、両腕ともに傷だらけであった。力と力でぶつかるのは良くない。そこで、FT強化スケジュールによる介入を計画して、実行した。

つかみかかる行動の測定は、雨の日に洗濯物がなくて取り込みに行く必要のなかった日や、ブラインドカーテンが半閉じのとき、怒りながら支援者に接近してきた機会に行った。10秒ごとに、つかみかかる行動が1回でも見られたら、その行動が生じたものとして生起インターバル数を5分間、測定した。すると、Aさんには、ほとんどのインターバルでこの行動が見られた。

介入では、Aさんが大好きなチョコレートを利用することとした。「FT5秒」ということで、接近してきたら二の腕につかみかかる前にチョコレートを1粒Aさんに見せた。Aさんはすぐにそれを受け取り、口に入れた。食べている最中に、次の5秒が到来するので、またチョコレートを1粒提示。Aさんはすぐにそれを受け取って食べる。また次の5秒でチョコレート1粒。

つかみかかる間もなく、のべつまくなしに小さなチョコレート粒を受け取って食べるような状況だ。その結果を、図６−５に示した。

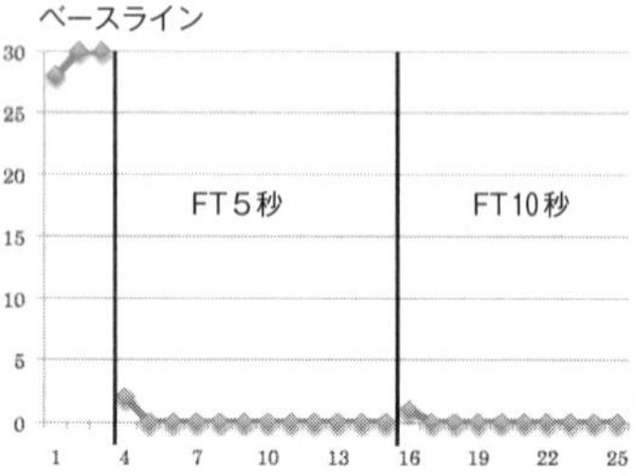

図６−５　Aさんのつかみかかり行動への介入

ドラスティックな変化である。じわじわと良くなったのではない。介入前はほとんどずっと支援者につかみかかろうとしていたのだが、介入後すぐに１回だけに激減した。介入後２回目からはずっとゼロである。思い切って時間間隔を「FT10秒」に変更すると、一度だけ支援者の手に爪を立ててきたが、その後またずっとゼロになった。その後、この女性支援者は、Aさんのイライラした様子を見かけるとリビングルームに連れて行ってソファーに座らせ、「まあ、落ち着いてチョコレートでも食べましょう」と対応しても、つかみかかられることはまったくなくなったと喜んでいた。

その日のうちに表れる明確な効果

同じ施設でさらなる介入も行った。強度行動障害特別処遇棟に入所してきたばかりの自閉症男性Ｂさん（18歳）も、他者に対して「叩《たた》く」「爪を立てる」「つかむ」などの激しい攻撃行動が見られ、他施設での支援が非常に困難となり入所してきたのだ。また、居室や廊下などでの放尿便や弄便《ろうべん》も激しく、支援員がトイレへの誘導支援を行う際にも激しい攻撃行動が見られた。Ｂさんが入所して、こうした激しい行動障害が連続したために、新人の支援員がショックで１週間以内に退職してしまったほどだ。

トイレ誘導支援中（トイレまでの移動場面と５分間のトイレトレーニング場面）の攻撃行動を減らし、トイレトレーニングの支援にも適切に応じられることを支援目標として、FTスケジュールを用いたプログラムを作成した。他施設から来たばかりのＢさんだったが、いろいろと試してみて、氷片（クラッシュアイスの小粒）とプルーンが好子として使えそうだということがわかった。「FT10秒」から始め、トイレへの移動とトイレトレーニング支援中の攻撃行動を10セッション以上連続でゼロにすることを目標とした。その後、

「FT20秒」でも攻撃行動がゼロになるまで介入を続け、最後には施設で一般的なやり方（声かけだけ）による支援に戻した。その結果を、図6−6に示した。

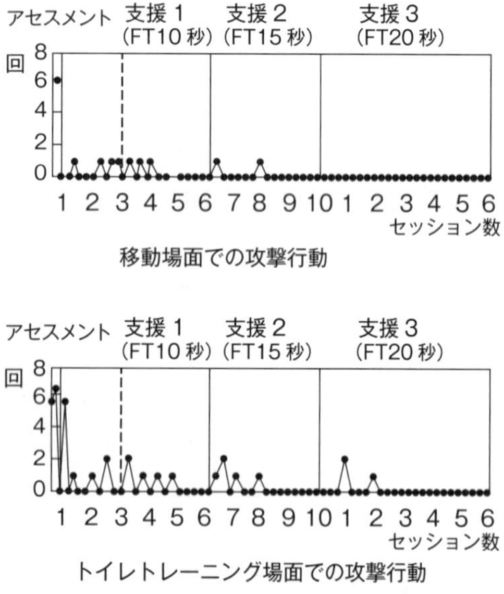

図6−6　Bさんの攻撃行動への介入（奥田・竹澤・川上、2005）

図6−6の上段は、移動場面での攻撃行動の推移、下段はトイレトレーニング場面での攻撃行動の推移を示している。介入前は、移動場面でもトイレトレーニ

ング場面でも５回以上の攻撃行動が見られた。

ところが、やはりFTスケジュールによる支援開始後、攻撃行動が激減した。その後、声かけによる一般的な支援のみに戻しても、攻撃行動は生起していないことが確認された。FTスケジュールの応用技では、行動に好子が随伴しないように小刻みに提示していくのだが、実践においては他の行動（氷片やプルーンを受け取る行動や食べる行動、ソファーやトイレに移動するなどの行動）をうまく引き出しているのも忘れてはならないだろう。そして、ややもすれば行動障害に対して厳しい弱化（嫌子出現の弱化）による対応が起こりそうな問題だが、対象者はひたすら好子を受け取る機会が得られるわけだから、生活を豊かにすることにも貢献できるだろう。

ＡさんとＢさん以外でも、あらゆる場面でいろいろな対象者を相手に、私はこのFTスケジュールをアレンジして同様の成果を得てきた。その日のうちに行動が変わってしまうので、録画の記録をしそびれてしまうほど、介入効果は明確である。ぜひとも、こうした効き目のある介入技法がもっと現場で知られるようになればと願っている。

迷信が形成されるメカニズム

FTスケジュールも本来、行動分析学の基礎研究から明らかにされたものである。基礎研究では「迷信行動」の出現として知られている。

迷信やジンクスは、どうやって生まれるのだろうか。野球選手がグラウンドに入る際やバッターボックスに立つ前にやる特徴的な儀式的行動（右足からラインをまたぐ、ベルトのバックルを繰り返し触るなど）を目に浮かべることができるだろう。あるいは、ギャンブラーが何か決めているその人オリジナルな行動（スロットやパチンコ台のハンドルや金属部分を特異なタイミングで触るなど）も目に浮かぶ。そもそもこうしたステレオタイプな定型的行動は、人間に固有のものなのだろうか。こうした疑問に対する答えも、たくさんの実験研究によって明らかにされてきた。迷信やジンクスは人間に固有の行動ではなく、何とハトですら迷信行動をするようになるということを、B・F・スキナー博士は明らかにしたのだ。ここで使用されたのが、FTスケジュール。行動とは無関係に一定時間が経過すると好子としてのエサが出現するので、好子の出現するタイミングでハトがどんな行動をしているのかは、まったくの偶然である。何もしなくても好子は得られるのに、その場でくるくる回るようになったハトもいるし、首を前後ではなく左右に動かしまくるようになったハトもいる。それらの行動は、FTスケジュール下にあって生じるものであり、訓練前には見られないものであった。その後、この迷信行動というテーマについても、多くの研究者が実験を試みており、さまざまな知見を得ている。

駒澤大学の小野浩一氏は、動物から人間まで、たくさんの実験から迷信がどのようにして生じるのかに取り組み、過去の実験研究のいくつかを紹介している。

小野氏の実験研究は、大学生の被験者に「実験セッション中、ブース内に留まることとカウンターの得点を上げること」を求めるものであった。ブースの中にはカウンターの他、三つのレバーやランダムに点灯する3色のシグナルライトがあった。FTスケジュールでは、被験者の行動に関係なく一定の時間でカウンターの得点が獲得ブザー音とともにアップする（好子の出現）。この強化スケジュールでは、まったく何もせずに過ごしてもそのうち得点はアップする。こうした状況下で被験者を自由にさせた結果、20名のうち3名の被験者において迷信行動というべき行動が示された。

レバーを特異なやり方で引いたりする人、ブース内のいろいろなものに触れる人、ある色のライトの点灯に応じて特定のレバーを引く人がいたという。繰り返すが、ここでは何もしなくても一定の時間が経過するだけで勝手にポイントがアップするという条件だ。試行錯誤であれこれと行動している被験者がいるとすると、その行動とは無関係にポイント獲得音が発生しポイントが上昇する。好子は直前の行動を強化するので、ポイントを獲得した直前、または最中にしていた行動が強化されることになる。行動が強化されるということは、その行動の生起頻度が高まる。そうすると、また次にポイントがアップする時間がやってくるときに、その行動と同じ行動をする可能性は高くなっているし、たった数回でも連続的に同じ行動が強化されれば、迷信行動はさらに強くなるであろう。

迷信行動とエクスポージャー

迷信行動は、人間の場合は言語と深く関わりがある。ルール支配行動（第４章参照）との関わりを見てみよう。第４章で述べた例では、欠品をしないようにするために「指さし確認をすれば、商品の入れ忘れは減る」というルールがあった。これはおよそ正しいルールであろうと思う。しかし、もしこのアルバイト店員がたまたま水色のシャツを着たときにミスなく仕事ができ、たまたま黄色系のシャツを着たときに欠品してしまったとしよう。その後、このアルバイト店員が「水色のシャツを着れば、商品の入れ忘れは減る」というルールを作り、仕事のときは水色のシャツばかり着るようになったとすれば、このルール支配行動は迷信ルールであろう。彼が後輩に「水色のシャツを着れば仕事運が上がるんだぜ」と伝え、後輩がそれを実践したときにたまたま後輩も職場の上司から仕事のことでほめられるようなことがあると、迷信ルールはさらに広がっていくかもしれない。迷信は、行動随伴性によって形成され、行動随伴性によって伝播《でんぱ》するのである。

何か信じるものがあると、それによって安心感が得られる場合がある。しかし、それは表裏一体であって、裏を返せば「○○すれば（しなければ）天罰を受ける」というルールとして、不安を与える作用もある。不安からは逃避・回避しようとする。そのメカニズムは第４章で述べた通りである。不安からの回避行動として、特定の健康食品を多量に摂取することや、高額なお守りを無理して買ってしまうことなどが、日常例として挙げられる。がんじがらめでステレオタイプな行動を変えていくためには、「行動変動性」を高める作業が必要となる。私はその一つには、第３章で解説した消去の原理の役割はもちろん、第４章で解説したエクスポージャーがあると考えている。手を洗うしかできなかった人が、タオルで拭《ふ》き取ったり、シャツの裾《すそ》で拭ったりと、行動に変動性を持たせるようになるからだ。エクスポージャーは、ステレオタイプな行動を断ち切り、新しい行動変化をもたらすものである。

3.“任意の努力”を目指して

2005年に開催された日本行動分析学会年次大会において招聘《しょうへい》された、ダーネル・ラッタル博士の講演を聴いてきた。彼女は、組織行動管理という分野でアメリカ最大手企業であるオーブリー・ダニエルズ・インターナショナルの社長兼最高経営責任者（CEO）である。組織行動管理という分野では、ビジネス場面においてもっとも効率的なパフォーマンスを引き出すために企業が必要としている課題を科学的に扱うことを専門にする。世界大手の石油会社でも、行動分析学が他の科学的アプローチを圧倒していることを認めている。

ラッタル博士は、この講演の中で「任意の努力

(Discretionary Effort)」という概念を紹介し、成功の鍵はこの「任意の努力」を見つけて伸ばしていくことにあると述べた。

ここで「任意の努力」という表現について断っておきたいのは、これは行動そのものではない。したがって、特別にカギ括弧が付いているのだろう。このような場合、行動の特徴的な傾向について、あえて世間一般で言うところの表現を使って伝えようとしていることが多い。

他の例を挙げると「積極性」という言葉も同じであろう。ある人を見て、「あの子、『積極性』が高いよね」と言う場合、その人は誰かに言われてから行動するというより、自分自身で行動のきっかけを作って実行することが多いと想像できる。「積極性」なるものがあるから、そういう行動をするのだと考えてはいけない（第1章の循環論を思い出していただきたい）。ある種の行動特徴を見た人、または本人が「○○性がある」「△△力の高い」とラベルを貼っているだけである。

こうしたことに気をつけて、「任意の努力」についても考えていただきたい。

「したいからやる」行動随伴性を

　オーブリー・ダニエルズ氏の原著をいくつか読んでみると、この概念にはトレードマークが付けられているので、海外で商標登録がされていることがわかる。「任意の努力」とは、いかなるものであろうか。ラッタル博士が講演のスライドで示した概念図を、図6－7に示した。

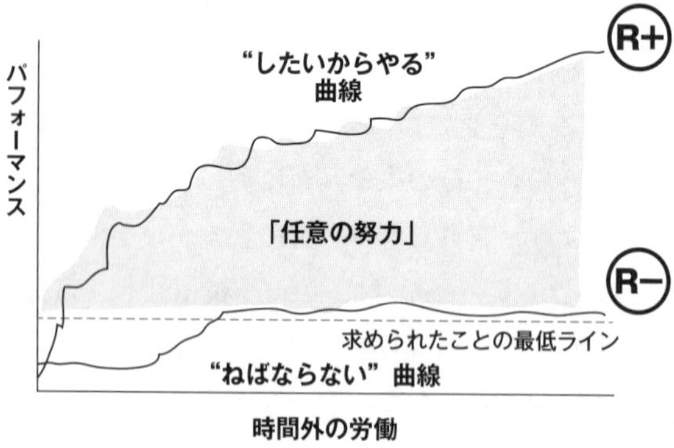

図6－7　「任意の努力」の概念図
The “Discretionary Effort” graphic and the supporting content are registered trademark/copyrights of Aubrey Daniels International, Inc. U. S. A.
Reprinted with permission. http://aubreydaniels. com/discretionary-effort

　横軸は時間、縦軸はパフォーマンスを示している。

パフォーマンスとは、仕事の作業量や生産性、あるいは変動性のある独創的な発想や発見なども含むと言えるだろう。

横軸に平行して１本の破線が引かれている。これは、求められたことの最低ライン（最低要求水準）である。最低要求水準とは、組織として「最低、これだけはやっておくこと（それさえクリアしていればOKで、この最低水準を下回ると非難される）」ものである。

そこに、二つの曲線が示されている。一つは、時間と共に大きなパフォーマンスを上げているもので、これを「“したいからやる”曲線（“Want-to” curve)」と言う。もう一方は、最低要求水準をクリアしたとたん、それ以降はその水準を少し超えた辺りで横ばい状態になっているもので、これを「“ねばならない”曲線（“Have-to” curve)」と言う。

企業側にとって、どちらの社員のほうが企業に利益をもたらすのか、これはもう明らかなことである。一例として、彼女はダイムラー・クライスラーの集金業務の実績を紹介した。これによると、この部門の社員に一旦《いつたん》「任意の努力」が起きたら、低レベルから中レベルのパフォーマンスの変化によって1500万ドル、中レベルから高レベルへのパフォーマンスの変化によって4500万ドルの財務上の効果が表れた。

この効果のからくりは、何も複雑なものではない。二つの曲線の違いは、強化の原理の違いである。「“したいからやる”曲線」の社員は、好子出現の強化によって強化されてきたのである。一般的な特徴としては、その仕事（行動）自体が好きで楽しくてやっているので、誰かに言われてではなく自発的に進んで、どんどんやっていく状態と言える。

一方、「“ねばならない”曲線」の社員は、嫌子消失の強化や阻止の強化によるのだろう。こちらの一般的な特徴としては、やりたくないけど仕方がないので最低限の仕事（行動）だけをやる状態と言える。

読者諸氏も、こうした労働者の動機づけの違いは、すぐにイメージできるのではないだろうか。自分自身の日々の生活に照らし合わせたり、労働に限らず、教育や子育てにおいて思い返したりすれば、この二つの違いは明確なものではないか。

「言われたことだけやれ！」という組織文化に身を置けば、残念ながらその組織では最低要求水準をクリアすればよしとする人が増えていくと想像できる。そのような組織では、行動の変動性などは逆に弱化されてしまう可能性がある。組織側にとっても、労働者側にとっても、あまり有益なものとは思えない。それにもかかわらず、こうした組織は少なくないのではないか。

逆に、「よかれと思うことはどんどん試してみなさい」という組織文化では、失敗しても助言が得られるだけで強い叱責《しっせき》を受けることがなく、ひたすら伸び伸びと行動する人が増えるチャンスに恵まれると想像できる。求められている仕事は気がつけばクリアしているし、それだけでなく新たな“カイゼン”のための試行が始まるのである。アクティブでクリエイティブな状態だ。面白いのは、先ほどの概念図（図6－7）をよく見てみると、入社したての頃は「“したいからやる”曲線」の社員のほうが「“ねばならない”曲線」の社員よりもパフォーマンスが若干低い場合を例示しているところである。これは、元々人の持っている能力の若干の高低差よりも、二つの行動随伴性の違いによって生じるパフォーマンスの差が計りしれないことを示唆していると言えるだろう。「“したいからやる”曲線」の社員だって、パフォーマンスが停滞気味の時期があるのもわかる。まさにここは試行錯誤の真っ最中なのだろう。しかし、「“したいからやる”曲線」の社員は、消去抵抗や消去バースト（第３章参照）も強い。そのために、それが行動の変動性を生み出すのだ。

成人した人たちに、それまで生活してきた中での行動随伴性による影響をいきなり変えてやることは簡単なことではない。しかし、こうして行動分析学による成功のインパクトは、シビアな結果が求められる企業においても確証されているのだ。他にも、適切な子育て、教育、福祉、コーチングなどにおいても行動分析学の有用性が認められるに至っている。

社会において、「仕方がないからやっている」「叱られないためにやっておく」ばかりで強化された行動よりも、心から喜んで楽しめる生き生きとした行動が満ちあふれるために、文化や生活（行動随伴性）の設計を見直していく必要があるだろう。

あとがき

基本的な行動分析学入門書を、一度は自分らしい切り口で書いてみたいという構想はあった。構想はあったが、きっかけがなかった。いや、きっかけはいくらでもあったのだろうが、他に目先の「やらなければならない仕事」があって、そのまま本書を書くという仕事の優先順位はどんどん低下していった。

ところが、そのきっかけがやってきた。人気情報番組で、行動分析学を取り上げるというのだ。出演してみたのはよいが、やはりバラエティー番組という制約上、厳密なところは削《そ》ぎ落とされる格好になった。それでも、短い時間で行動分析学の魅力は大いにアピールできたようである。この情報バラエティー番組に出演した後、一般の人が読んでわかりやすい入門書を出しておく責任を感じた。そこで、あわてて本書を書くことになったのだ。

頭の中に構想があったとは言え、実際にそれをまとめて書くのは簡単なことではない。しかも、相変わらず目先にある「やらなければならない仕事」は待ってくれるわけではない。文献を引っ張り出してきてはコピーして持ち歩き、全国各地を移動しつつ読み直し、空き時間は仕事部屋に何時間もこもりっきりで書き続けた。海外出張中も、ホテルにこもって書きまくった。そうしたら、約半年ほどで初稿を書き終えることができた。2011年11月には執筆を終えていたが、出版社側の事情で出版まで１年かかってしまった。１章ごとに励まして下さった集英社の渡辺千弘さん、本書の出版にゴーサインを出して下さった椛島《かばしま》良介さんに心から感謝申し上げます。

本書は、集英社新書から出ている杉山尚子氏のベストセラー『行動分析学入門——ヒトの行動の思いがけない理由』の勝手版のような位置づけにした。懇意にしていただいている杉山氏は、このような私の勝手な構想を快く受け入れて下さった。杉山氏の書籍が何でもそろうショッピングモールだとすれば、本書はほんのその一画にあるマニアックな喫茶店のようなものにすぎない。本書では「阻止の随伴性」について詳しく述べることができたが、一方で「言語行動」のところは紙幅が足りなかった。足らざるところは杉山氏の書籍から得ていただきたい。

ところで、このあとがきの冒頭に「やらなければならない仕事」が目先にあると述べた。この言い回しは、本書の第６章「任意の努力」で述べたものだ。私は常勤の大学教員として12年間、仕事をしてきた。ある日、上司の教授にこう言われたことがある。「あまり目立つようなことをせず、授業を休まず、休んだらきちんと補講し、会議に出て、委員会活動をやって書類を作成し、入試業務を一生懸命やってればいいんだよ。授業も会議もない日は、自宅研修として出勤しなくてもいいんだから」と。同様なことは、他の事務員からも言われたことがある。つまり、大学からの最低要求水準は「授業をやること、会議に出ること、委員会活動をやること、求められた書類は出すこと、入試広報の業務をやること」に集約されることになる。確かに、どんなに面白くて注目される学会発表をやっても（やらなくても）、職場からはノーリアクションだし、どんなに大きな講演会から招待されても（大学の名前も出るのに）ノーリアクション。書いた本が売れてもノーリアクション。学会賞をいただいても、テレビに出演して反響があってもノーリアクション。私が支援している学校や福祉現場、保護者から大学に感謝状が届いてもノーリアクション。むしろ、「あまり目立つようなことをすると学内の仕事をしてないと思われるよ」と警告してくれる上司もいて、「大学のためにもよかれと思ってやっているのに、なぜ？」と戸惑うことのほうが多かった。ほんのわずか、心の広い上司から「本当に良い仕事をして大学にも貢献して下さっていますね」と、ねぎらいの言葉をいただくこともあったが、それは本当にわずかだった。教授会などでも、よかれと思って発言をすると、先に結論が決まっていることが多く、聞いてはくれるが聞き入れられずに無視されて、ときには罵倒されることもあった。教授会の場で一度も声を聞いたことのない人たちが半数以上いるが、その人たちは廊下で「発言してもどうせ無駄ですよ、会議時間が長引くだけ」と教えてくれた。

気がつくと、私自身が常勤の大学教員として最低要求水準をクリアするだけの人間になりかけていた。臨床や研究、熱心な学生に対する指導は楽しいのだが、それらは建て前として認められても、大学側の要求事項には入っていない。実際、それらの実績が前年以下だったとしても叱《しか》られたことはない。前年以上でもほめられることはない。一方、最低要求水準である「授業をやること、会議に出ること、委員会活動をやること、書類を出すこと、入試広報の業務をやること」を、病院に行かなければならないとかの理由が重なってできないことがあると、これは叱責《しつせき》される対象となる。

他にも、元気が出なくなる理由は大学という職場には山ほどあったのだが、まあこんなところだ。

それで、私は本書を書き始める頃、「大学の常勤職を捨ててみてはどうだろうか」と考えるようになった。毎月、振り込まれる給料というのを世間では「安定」と言うのだろうが、もしかしてこんなものを現状維持させるための行動随伴性にがんじがらめになっているのではないか。では、どうやって生きていこうか。いろいろと思案し、自給自足の生活まで勉強するようになった。この約半年間は、B・F・スキナーの『ウォールデン・ツー』を読み直すだけでなく、福岡正信からサティシュ・クマールまで、自分の専門分野と異なる書物を読みあさった。室内栽培のカイワレ大根すら枯らした自分に、そんな自給自足生活などできるわけがない。まったくわからないから、いろいろな人に教えてもらおう。近所の子どもたちにだって教えてもらおう。やってみよう。このように、まったく専門外のことをやろうと計画し始めたとき、私は元来の「“したいからやる”曲線」の人間に戻っていた。つまり、「ワクワク感」に満ちた生活を取り戻し始めたのだ。もちろん、生きている限り「阻止の随伴性」から脱却できるはずはない。自給自足生活の中にだって、そういうものがたくさんあるだろうから。

私自身、行動分析学を使って何かを教える仕事をなくすと、ただの「カス人間」である。したがって、その「教える」という仕事を中心に今後もあれこれやってみようと思う。自閉症の子どもたちと暮らすもよし、不登校だった親子を鍛え直すのもよし、高齢者と共に過ごすもよし。自然や動物に近いところで生活をしてみたい。「教える」という仕事を通して、「教えられる」という楽しさを、もっと味わってみたい。

そんなことを考えつつ、本書の初稿を書き終えかけた2011年の夏の終わり頃に「西軽井沢にある廃校を買わないか」という話が舞い込んできた。特殊で稀少《きしょう》な物件で、誰も手を出さなかったのだが、奇遇な巡り合わせで自分のところに回ってきたのかもしれない。大学を辞めて私財を投じるだけの価値のある話だろう。こうして、2012年４月、行動分析学に特化した学び舎《や》として「行動コーチングアカデミー」を立ち上げた。直接的な行動随伴性に自分の身を置くことになった。自分に対するエクスポージャーの介入だ。自分自身が元気になり、自分に関わる人たちが元気になるのだから、きっと何とかなるのだろう。

元気な生活を送るための秘《ひ》訣《けつ》も、元気なようで実は病んでいる生活を送っている原因も、本人が気づいていない場合が多いのだが、それらの答えはすべて行動随伴性の中にあるのだ。

2012年9月

奥田健次

主要参考文献

Ayllon, T., and Azrin, N. (1968) The Token Economy: A Motivational System for Therapy and Rehabilitation. Prentice-Hall.

Carr, J. E., and Wilder, D. A. (1998) Functional Assessment and Intervention. High Tide Press. ジェームズ. E. カー・デイビッド. A. ワイルダー (2002)『入門・問題行動の機能的アセスメントと介入』園山繁樹訳. 二瓶社.

Daniels, A. C. (2000) Bringing Out The Best In People: How to Apply the Astonishing Power of Positive Reinforcement (New & Updated Edition). NY: McGraw Hill. pp. 28, 34, 53–62.

Daniels, A. C. & Daniels, M. A.(2006) Performance Management: Changing Behavior That Drives Organizational Effectiveness (4th Edition, Revised). GA: Performance Management Publications. pp. 65–66, 67, 194.

長谷川芳典 (1997) スキナー以後の行動分析学(6)：行動随伴性に基づく自己理解(1).「岡山大学文学部紀要」27, 71–86.

飯倉康郎 (1999)『強迫性障害の治療ガイド』二瓶社.

Lalli, J. S., Casey, S. D., and Kates, K. (1997) Noncontingent reinforcement as treatment for severe problem behavior: some procedural variations. Journal of Applied Behavior Analysis, 30, 127–137.

Lattal, D. (2005) Translating the science of behavior analysis into business applications: the good, the bad, and the ugly (duckling). 日本行動分析学会第23回年次大会発表論文集, 24.

舞田竜宣・杉山尚子 (2008)『行動分析学マネジメント—人と組織を変える方法論』日本経済新聞出版社.

Mazur, J. E.（1994）Learning and Behavior. Prentice-Hall. ジェームズ. E. メイザー（1999）『メイザーの学習と行動』磯博行・坂上貴之・川合伸幸訳．二瓶社.

Miltenberger, R. G.(2001) Behavior Modification: Principles and Procedures. Wadsworth. レイモンド. G. ミルテンバーガー（2006）『行動変容法入門』園山繁樹・野呂文行・渡部匡隆・大石幸二訳．二瓶社.

仁藤二郎・奥田健次（2010）嘔吐不安を訴えるひきこもり男性の食事行動への介入―エクスポージャーにおける行動アセスメントと介入の評価．日本行動療法学会第28回大会発表論文集, 83.

奥田健次（2005）不登校を示した高機能広汎性発達障害児への登校支援のための行動コンサルテーションの効果―トークン・エコノミー法と強化基準変更法を使った登校支援プログラム．「行動分析学研究」20(1), 2-12.

奥田健次（2007）不登校の行動論的予防に向けての挑戦的提案（１）．「子どもの健康科学」7(2)，3-11.

奥田健次（2008）不登校の行動論的予防に向けての挑戦的提案（２）．「子どもの健康科学」8(2)，3-8.

奥田健次（2011）『叱りゼロで「自分からやる子」に育てる本』大和書房.

奥田健次・竹澤律子・川上英輔(2005)激しい攻撃行動を示す強度行動障害者に対する支援(１)―FTスケジュールによる行動障害の軽減．日本行動分析学会年次大会発表論文集, 102.

小野浩一（2005）『行動の基礎―豊かな人間理解のために』培風館.

Ramnerö, J., and Törneke, N.（2008）The ABCs of Human Behavior: Behavioral Principles for the Practicing Clinician. Studentlitteratur AB. ユーナス. ランメロ・ニコラス. トールネケ（2009）『臨床行動分析のABC』松見淳子監修，武藤

崇・米山直樹監訳．日本評論社．

Reynolds, G. S.（1975）A Primer of Operant Conditioning. Scott, Foresman and Company. G. S. レイノルズ（1978）『オペラント心理学入門—行動分析への道』浅野俊夫訳．サイエンス社．

島宗理（2000）『パフォーマンス・マネジメント—問題解決のための行動分析学』米田出版．

島宗理（2010）『人は、なぜ約束の時間に遅れるのか—素朴な疑問から考える「行動の原因」』光文社新書．

Skinner, B. F.（1953）Science and Human Behavior. Mcmillon. B.F. スキナー（2003）『科学と人間行動』河合伊六他訳．二瓶社．

Skinner, B. F.（1957）Verbal Behavior. NY: Appleton. B. F. Skinner Foundation.

杉山尚子（2005）『行動分析学入門—ヒトの行動の思いがけない理由』集英社新書．

杉山尚子・島宗理・佐藤方哉・R. W. マロット・M. E. マロット（1998）『行動分析学入門』産業図書．

武田建（1985）『コーチング—人を育てる心理学』誠信書房．

Vollmer, T. R., Iwata, B. A., Zarcone, J. R., Smith, R. G., and Mazaleski, J. L.（1993）The role of attention in the treatment of attention-maintained self-injurious behavior: noncontingent reinforcement and differential reinforcement of other behavior. Journal of Applied Behavior Analysis, 26, 9-21.

Vollmer, T. R., Progar, P. R., Lalli, J. S., Van Camp, C. M., Sierp, B. J., Wright, C. S., Nastasi, J., and Eisenschink, K. J.（1998）Fixed-time schedules attenuate extinction-induced phenomena in the treatment of severe aberrant behavior. Journal of Applied Behavior Analysis, 31, 529-542.

奥田健次(おくだ けんじ)

1972年、兵庫県生まれ。専門行動療法士、臨床心理士。桜花学園大学大学院客員教授、法政大学大学院非常勤講師。2012年に行動コーチングアカデミーを設立。代表を務め、発達障害、自閉症、不登校などの問題解決を行う。緻密な指導プログラムで子どもの問題行動を改善させることから、「子育てブラックジャック」と呼ばれる。著書に『叱りゼロで「自分からやる子」に育てる本』(大和書房)、『子育てプリンシプル』(一ツ橋書店)など。

メリットの法《ほう》則《そく》 行《こう》動《どう》分《ぶん》析《せき》学《がく》・実《じっ》践《せん》編《へん》

2012年11月21日 第1刷発行
2025年10月7日 第11刷発行

集英社新書0664E

著者……奥《おく》田《だ》健《けん》次《じ》
発行者……樋口尚也
発行所……株式会社集英社

東京都千代田区一ツ橋2-5-10　郵便番号101-8050
電話　03-3230-6391(編集部)
03-3230-6080(読者係)
03-3230-6393(販売部)書店専用

装幀……原 研哉
印刷所……株式会社DNP出版プロダクツ TOPPANクロレ株式会社
製本所……加藤製本株式会社

定価はカバーに表示してあります。

ISBN 978-4-08-720664-7 C0211

Printed in Japan

a pilot of wisdom

a pilot of wisdom

集英社新書　好評既刊

プログラミング思考のレッスン　「私」を有能な演算装置にする
野村亮太　0980-G
自らの思考を整理し作業効率を格段に高める極意とは。情報過剰時代を乗り切るための実践書！

日本人は「やめる練習」がたりてない
野本響子　0981-B
マレーシア在住の著者が「やめられない」「逃げられない」に苦しむ日本とはまったく異なる世界を紹介する。

心療眼科医が教える　その目の不調は脳が原因
若倉雅登　0982-I
検査しても異常が見つからない視覚の不調の原因を神経眼科・心療眼科の第一人者が詳しく解説する。

隠された奴隷制
植村邦彦　0983-A
マルクス研究の大家が「奴隷の思想史」三五〇年間をたどり、資本主義の正体を明らかにする。

俺たちはどう生きるか
大竹まこと　0984-B
自問自答の日々を赤裸々に綴った、人生のこれまでとこれから。本人自筆原稿も収録！

「他者」の起源　ノーベル賞作家のハーバード連続講演録
トニ・モリスン　解説・森本あんり／訳・荒このみ　0985-B
アフリカ系アメリカ人初のノーベル文学賞作家が、「他者化」のからくりについて考察する。

定年不調
石蔵文信　0986-I
仕事中心に生きてきた定年前後の五〇～六〇代の男性にみられる心身の不調に、対処法と予防策を提示。

言い訳　関東芸人はなぜM-1で勝てないのか
ナイツ　塙 宣之　0987-B
M-1審査員が徹底解剖。漫才師の聖典とも呼ばれるDVD『紳竜の研究』に続く令和の漫才バイブル誕生！

資本主義の終わりか、人間の終焉か？　**未来への大分岐**
マルクス・ガブリエル／マイケル・ハート／ポール・メイソン／斎藤幸平・編　0988-A
「人間の終わり」や「サイバー独裁」のようなディストピアを退ける展望を世界最高峰の知性が描き出す！

自己検証・危険地報道
安田純平／危険地報道を考えるジャーナリストの会　0989-B
シリアで拘束された安田と、救出に奔走したジャーナリストたちが危険地報道の意義と課題を徹底討議。

既刊情報の詳細は集英社新書のホームページへ
http://shinsho.shueisha.co.jp/